黄土隧道结构的地震动稳定

程选生　著

科学出版社

北　京

内 容 简 介

本书系统介绍黄土隧道地震动稳定的分析方法，给出具体的基于有限元强度折减法的分析方法，并针对多种因素耦合作用对黄土隧道的地震动稳定性分析做出相应的介绍。全书共 12 章，主要内容包括：强度折减法的基本原理，隧道结构地震动稳定性分析的动力有限元静力强度折减法和动力有限元强度折减法，地震作用下黄土隧道结构的稳定性分析，地震-渗流-列车荷载作用下黄土隧道结构的断面形式，列车荷载和雨水渗流及二者共同作用下黄土隧道结构的地震动稳定以及考虑黄土动参数情况下隧道结构的地震动稳定。

本书可作为土木工程、水利水电工程等领域的工程设计、科学研究、施工技术人员和研究生等的参考书。

图书在版编目（CIP）数据

黄土隧道结构的地震动稳定/程选生著. —北京：科学出版社，2017.2
ISBN 978-7-03-051622-0

Ⅰ.①黄…　Ⅱ.①程…　Ⅲ.①土质隧道–地震–稳定分析　Ⅳ.①U459.9

中国版本图书馆 CIP 数据核字（2017）第 012378 号

责任编辑：亢列梅　周　莎 / 责任校对：何艳萍
责任印制：张　伟 / 封面设计：陈　敬

科学出版社 出版
北京东黄城根北街 16 号
邮政编码：100717
http://www.sciencep.com

北京教图印刷有限公司 印刷
科学出版社发行　各地新华书店经销
*
2017 年 2 月第 一 版　开本：B5（720×1000）
2017 年 2 月第一次印刷　印张：13 7/8
字数：280 000

定价：85.00 元
（如有印装质量问题，我社负责调换）

作 者 简 介

　　程选生，兰州理工大学教授，工学博士，博士研究生导师，国家一级注册结构工程师。1995 年郑州工学院工民建专业获工学学士学位，2001 年兰州大学固体力学专业获工学硕士学位，2007 年兰州理工大学结构工程专业获工学博士学位，2009 年和 2011 年分别进入中国人民解放军后勤工程学院和北京工业大学土木工程博士后流动站从事博士后研究工作，2012 年国家公派赴美国西北大学访学一年。现为国际隔震与消能减震控制学会（ASSISi）理事、国际土力学协会委员、中国力学学会计算力学委员会特邀委员、中国地震工程学会岩土防震减灾委员会委员、中国岩石力学与工程学会岩土工程信息技术与应用分会理事、中国土木工程学会土力学及岩土工程分会青年工作委员会委员、中国土木工程学会防震减灾工程技术推广委员会青年分委会委员及甘肃省建设科技与建筑节能协会委员，*Ocean Engineering、Engineering Geology、Journal of Vibration Engineering and Technologies、Journal of Central South University of Technology、Plos One、Journal of Traffic and Transportation Engineering、Journal of Zhejiang University-SCIENCE A、Structure and Infrastructure Engineering*、《振动与冲击》《中南大学学报（自然科学版）》《四川大学学报（工学版）》《中国公路学报》等期刊审稿人，教育部学位中心通讯评议专家，国家自然科学基金项目和中国博士后基金项目通讯评议专家，甘肃省震后房屋建筑应急评估专家。主持国家自然科学基金项目 2 项、教育部博士点基金（博导类）1 项、甘肃省科技支撑项目 1 项、甘肃省建设科技攻关项目 3 项；参与国家 973 项目和教育部创新团队发展计划项目各 1 项。发表论文 100 余篇（SCI/EI 检索 46 篇，ISTP 检索 10 篇），申请发明专利 15 项。获甘肃省科技进步奖一等奖 1 项、三等奖 3 项，甘肃省建设科技进步奖一等奖和二等奖各 1 项，获第 16 届甘肃省高等学校青年教师成才奖。主要研究方向：隧道结构的地震响应、动力稳定及其施工技术；特种结构的液-固耦合振动及减隔震性能；混凝土结构的热力学性能；结构设计理论和方法。

序

随着国家"一带一路"政策的落实和深入，我国西部地区在交通运输方面正面临着前所未有的发展机遇。由于西部地区特殊的地形、地貌，大量的公路隧道和铁路隧道需要开山建设才能实现，且这些地区的隧道多处在黄土区和高烈度地震区。一旦发生地震，这些隧道的安全程度能否满足正常运营是一个非常重要的问题，因此黄土隧道的地震动稳定问题是摆在我们面前亟待解决的难题。

该书作者多年来一直从事黄土隧道结构方面的研究工作，始终秉持锲而不舍的钻研精神和求真务实的学术态度，勇于创新，已成为该领域的资深学者，在黄土隧道稳定性方面颇有建树，取得了大量的研究成果。

强度折减法不需要考虑弹性模量和泊松比的影响，且不需要预先指定破裂面，可通过不断折减岩土的抗剪强度指标自动寻找破坏面，因此，强度折减法可广泛应用于边坡工程、隧道工程等地下工程当中。该书基于强度折减法提出的两种分析方法——动力有限元静力强度折减法和动力有限元强度折减法，可通过不同的方式考虑重力对地震动稳定的影响，它不仅适用于黄土隧道工程，还可延伸到水利工程、边坡工程和基坑支护工程等。

为了全面评估黄土隧道的安全性，该书考虑车辆振动、渗流及地震等重要因素，对比研究了单因素及多种因素组合作用下黄土隧道的地震动稳定性，探讨了黄土隧道的破坏机理，其学术思想很有前沿性，研究成果对于黄土隧道动力灾变问题的控制及预防具有重要的意义，无疑将产生显著的经济和社会效益。此外，通过对黄土隧道地震动稳定性的研究，在校企结合、科研深化教学及人才培养等方面也将取得丰硕的成果。

该书的出版是对黄土隧道动力稳定性问题的一次有益探索，能为黄土隧道的地震动稳定研究提供理论依据，并为黄土隧道结构的工程设计及工程应用提供参考。

郑颖人

中国工程院院士
中国人民解放军后勤工程学院教授
2016 年 10 月

前　　言

　　黄土主要分布于中国、美国的中西部和俄罗斯的南部等国家和地区,总面积约 1300 万 km^2,而在我国黄土总面积达 63.1 万 km^2,主要分布在陕西、山西、河南、甘肃、宁夏等 12 个省(自治区)。近年来,随着西部大开发和国家"一带一路"战略的实施,大量的黄土隧道正在建设或有待建设,这些黄土隧道多处在高烈度地震区。因此,研究黄土隧道的地震动稳定性具有重要的理论意义和现实意义。

　　2009 年 5 月以来,作者有幸结识中国工程院郑颖人院士,并在他的指导下在中国人民解放军后勤工程学院从事博士后研究工作。本书提出的两种方法就是在郑院士研究的基本框架下实现的,在此,对他的无私付出表示由衷的感谢!博士后出站后,作者与所指导的研究生继续开展这方面的工作,系统研究了多种因素作用下黄土隧道的地震动稳定特性。

　　全书共 12 章,第 1 章为绪论,介绍国内外研究的现状;第 2 章为强度折减法的基本原理,介绍基本原理、屈服条件和破坏准则;第 3 章为隧道结构地震动稳定性分析的动力有限元静力强度折减法;第 4 章为隧道结构地震动稳定性分析的动力有限元强度折减法;第 5 章为无衬砌黄土隧道的地震动稳定性分析;第 6 章为有衬砌黄土隧道的地震动稳定性分析及工程应用;第 7 章为地震-渗流-列车荷载作用下的黄土隧道断面形式;第 8 章为列车荷载作用下黄土隧道结构的地震动稳定;第 9 章为雨水渗流作用下黄土隧道结构的地震动稳定;第 10 章为列车荷载和雨水渗流作用下黄土隧道结构的地震动稳定;第 11 章为考虑黄土动参数的隧道结构地震动稳定;第 12 章为工程应用,针对已建黄土隧道进行动力稳定分析。

　　本书编写过程中,得到了博士研究生景伟及硕士研究生齐尚榕、聂俊、赵亮、石玮、范晶等的支持,在此对他们表示衷心的感谢;另外,本书还参考了很多国内外专家和同行学者的论文及专著,对所有参考文献的作者表示衷心的感谢!

　　本书出版得到了国家自然科学基金项目(51478212)和教育部博士点基金项目(博导类)(20136201110003)的支持,在此表示衷心的感谢。

　　由于作者水平有限,本书难免存在不足,欢迎广大读者批评指正。

程选生

2016 年国庆节于兰州

目　　录

序
前言

第1章　绪论 ·· 1

　1.1　引言 ·· 1

　1.2　国内外研究现状 ·· 2

　　1.2.1　黄土隧道静力稳定的国内外研究现状 ······························· 2

　　1.2.2　黄土隧道地震动稳定的国内外研究现状 ···························· 4

　　1.2.3　黄土动参数研究现状 ·· 7

　1.3　本书的主要内容 ·· 9

　参考文献 ·· 11

第2章　强度折减法的基本原理 ·· 14

　2.1　弹性常数对地震动安全系数的影响 ·· 14

　　2.1.1　弹性模量对安全系数的影响 ··· 14

　　2.1.2　泊松比对安全系数的影响 ·· 15

　2.2　基本原理 ·· 15

　2.3　屈服条件和破坏准则 ·· 16

　参考文献 ·· 17

第3章　隧道结构地震动稳定性分析的动力有限元静力强度折减法 ············· 19

　3.1　分析模型 ·· 19

　　3.1.1　动力分析模型 ·· 19

　　3.1.2　静力分析模型 ·· 20

　3.2　动力有限元静力强度折减法 ·· 21

　　3.2.1　模态分析 ·· 21

　　3.2.2　边界顶点水平位移时间历程曲线 ···································· 21

　　3.2.3　竖向边界各节点的水平位移 ··· 22

　　3.2.4　动力稳定分析 ·· 22

　3.3　小结 ·· 26

参考文献 ·· 26

第 4 章　隧道结构地震动稳定性分析的动力有限元强度折减法 ···········27

4.1　模态分析和边界条件 ··· 27

4.1.1　模态分析 ··· 27

4.1.2　边界条件 ··· 27

4.2　动力有限元强度折减法 ··· 29

4.2.1　分析模型 ··· 29

4.2.2　地震动稳定分析 ·· 30

4.2.3　数值算例 ··· 30

4.3　小结 ··· 36

参考文献 ··· 36

第 5 章　无衬砌黄土隧道的地震动稳定性分析 ·································37

5.1　计算范围的确定 ··· 37

5.2　动力有限元静力强度折减法在无衬砌黄土隧道中的应用 ·············· 39

5.2.1　无衬砌圆形黄土隧道的地震动稳定分析 ························· 39

5.2.2　无衬砌直墙式黄土隧道的地震动稳定分析 ····················· 60

5.2.3　底脚处应力集中对安全系数的影响 ······························ 72

5.3　动力有限元强度折减法在无衬砌曲墙式黄土隧道中的应用 ··········· 76

5.4　小结 ··· 82

参考文献 ··· 82

第 6 章　有衬砌黄土隧道的地震动稳定性分析 ·································83

6.1　衬砌混凝土结构的本构关系 ··· 83

6.2　混凝土的本构关系的 ANSYS 实现 ·· 85

6.3　利用动力有限元静力强度折减法进行有衬砌黄土隧道的
地震动稳定性分析 ·· 86

6.4　利用动力有限元强度折减法进行有衬砌黄土隧道的地震动
稳定性分析 ··· 92

参考文献 ··· 98

第 7 章　地震–渗流–列车荷载作用下的黄土隧道断面形式 ···············99

7.1　材料参数 ··· 99

7.2　计算模型和边界条件 ··· 99

7.3　地震–渗流作用下不同断面形式黄土隧道的动力响应 ·················· 100

7.4　地震–列车荷载下黄土隧道断面形式研究 ····················· 112

　　7.4.1　高速列车荷载 ·· 112

　　7.4.2　地震–列车荷载下不同断面形式黄土隧道的动力响应 ····· 113

7.5　地震–渗流–列车荷载下黄土隧道断面形式研究 ············· 132

参考文献 ·· 153

第 8 章　列车荷载作用下黄土隧道结构的地震动稳定 ············· 154

8.1　计算参数与分析模型 ·· 154

　　8.1.1　材料参数 ·· 154

　　8.1.2　分析模型 ·· 155

8.2　模态分析 ··· 156

8.3　不同埋深黄土隧道结构的地震动稳定 ·························· 157

　　8.3.1　浅埋隧道 ·· 157

　　8.3.2　深埋隧道 ·· 161

　　8.3.3　超深埋隧道 ·· 163

参考文献 ·· 167

第 9 章　雨水渗流作用下黄土隧道结构的地震动稳定 ············· 168

9.1　计算参数和分析模型 ·· 168

　　9.1.1　计算参数 ·· 168

　　9.1.2　分析模型 ·· 168

9.2　渗流作用下黄土隧道结构的地震动稳定 ························ 169

　　9.2.1　中雨作用下的地震动稳定 ································· 169

　　9.2.2　大雨作用下的地震动稳定 ································· 171

　　9.2.3　暴雨作用下的地震动稳定 ································· 174

参考文献 ·· 176

第 10 章　列车荷载和雨水渗流作用下黄土隧道结构的地震动稳定 ·· 177

10.1　计算参数及分析模型 ··· 177

　　10.1.1　计算参数 ··· 177

　　10.1.2　分析模型 ··· 177

10.2　列车荷载和不同降水条件下黄土隧道结构的地震动稳定 ······ 178

　　10.2.1　列车荷载和中雨作用下的地震动稳定 ················· 178

　　10.2.2　列车荷载和大雨作用下的地震动稳定 ················· 180

　　10.2.3　列车荷载和暴雨作用下的地震动稳定 ················· 183

参考文献 ·· 186

第 11 章　考虑黄土动参数的隧道结构地震动稳定…………………… 187

　11.1　边界条件……………………………………………………………… 187

　11.2　分析模型……………………………………………………………… 187

　11.3　计算参数……………………………………………………………… 188

　11.4　不同含水率情况下黄土隧道结构的地震动稳定…………………… 189

　　　11.4.1　含水率 5%……………………………………………………… 189

　　　11.4.2　含水率 10%……………………………………………………… 191

　　　11.4.3　含水率 15%……………………………………………………… 193

　11.5　不同振次情况下黄土隧道结构的地震动稳定……………………… 195

　　　11.5.1　计算参数和地震波……………………………………………… 195

　　　11.5.2　振次 20…………………………………………………………… 195

　　　11.5.3　振次 30…………………………………………………………… 198

　11.6　结果分析……………………………………………………………… 200

　参考文献……………………………………………………………………… 201

第 12 章　工程应用……………………………………………………………… 202

　12.1　工程概况……………………………………………………………… 202

　12.2　动力有限元静力强度折减法………………………………………… 202

　　　12.2.1　分析模型………………………………………………………… 202

　　　12.2.2　计算参数………………………………………………………… 203

　　　12.2.3　时程分析………………………………………………………… 203

　　　12.2.4　安全系数………………………………………………………… 204

　12.3　动力有限元强度折减法……………………………………………… 206

　　　12.3.1　动力分析模型和计算参数……………………………………… 206

　　　12.3.2　静力分析以及热分析…………………………………………… 207

　　　12.3.3　动力分析………………………………………………………… 208

　　　12.3.4　结果分析………………………………………………………… 209

　参考文献……………………………………………………………………… 210

第1章 绪 论

1.1 引 言

隧道工程广泛应用于铁路、公路、矿井和水利等工程建设的诸多领域。根据用途，可以将隧道分为铁路隧道、公路隧道、煤炭和金属等矿山运输的巷道和洞室、水工隧道、军工工程和人民防空用地下通道和洞库、市政隧道和窑洞等。隧道工程结构由人工衬砌和天然围岩共同构成，由于地质作用形成的历史不同，天然围岩可分为岩体围岩和土体围岩。随着工程建设的飞速发展，隧道工程正面临着更大的机遇和严峻的挑战，岩体围岩隧道和土体围岩隧道的建设均得到了迅猛的发展。

气候环境的变化促使黄土的形成。黄土广泛分布于中国、美国的中西部和俄罗斯的南部等世界许多国家和地区，总面积约 1300 万 km^2，占陆地面积的 9.3%。我国黄土总面积达 63.1 万 km^2，主要分布在陕西、山西、河南、河北、山东、内蒙古、辽宁、吉林、新疆、青海、甘肃、宁夏等 12 个省（自治区），占国土总面积的 6.6%左右，其中黄土最厚的区域在黄河支流泾河与洛河流域的中游——陕甘地区。黄土包括老黄土和新黄土。老黄土包括早更新世的午城黄土（Q_1）和中更新世的离石黄土（Q_2），一般没有湿陷性。新黄土[1,2]包括晚更新世马兰黄土（Q_3）和全新世的新近堆积黄土（Q_4），均具有湿陷性。随着我国交通建设的迅速发展和西部大开发的不断深入，黄土围岩隧道已经成为土体围岩隧道的重要组成部分，并已广泛应用于铁路、公路、城市地下工程、水利、矿山建设、军事和人防等工程建设之中。

黄土隧道破坏分为静力条件下的破坏和动力条件下的破坏。静力条件下的破坏一般是由临空围岩结构的自重力、地应力、湿陷和动水压力等引起。动力条件下的破坏一般是由地震、环境振动、火山爆发和爆炸等引起，其中地震作用是黄土隧道破坏主要的地质灾害原因。根据现有文献[3]，仅在我国，基本烈度在 7 度以上的高烈度区覆盖了国家领土的一半，黄土地区 12 个省（自治区）的绝大部分地方为高烈度区。过去，人们普遍认为地下构筑物受周围土体约束，在地震时构筑物和土体一起运动，地下结构遭受破坏的比例很低，因此除特殊情况外一般认为地震对地下结构的影响很小，然而近几年世界范围内发生的一系列大地震中，不少隧道遭受破坏。"5·12"汶川大地震就是一个典型例子，这次地震造成大量的隧道塌方，使得铁路和公路交通中断、水利水电工程设施毁坏等，给国家和人民的生命财产造成了巨大损失，同时也给人们敲响了警钟。因此，研究地震作用下黄土隧道的结构稳定性成为岩土工程界和地震工程界的重要课题之一。

1.2　国内外研究现状

地下工程是多学科交叉的复杂工程，具有学科的边缘性、复杂性和系统性等特点，这类结构的稳定取决于围岩结构是否破坏或产生过大的变形。对于地下工程结构围岩稳定的研究至今已有 100 多年的历史，其稳定性分析方法主要有：块体理论支持分析法、模型试验法和数值分析法[4]。李世辉[5]、于学馥等[6]介绍了隧道围岩稳定的系统分析，并编制了 BMP-84A 程序。王思敬等[7]介绍了地下工程岩石围岩结构的稳定性分析等。随着工程建设的飞速发展和西部大开发的顺利推进，各种型式的地下工程结构在黄土地区已经建成或正在建设。比较全面地研究地震作用下黄土隧道的动力稳定性，要全面了解目前国内外学者关于黄土隧道静力、动力及地震动稳定的研究现状。

1.2.1　黄土隧道静力稳定的国内外研究现状

黄土隧道在我国发展最早，至今已有几千年的历史[7-9]，尽管起步很早，但对其设计理论的系统研究是从 20 世纪 60 年代开始的。以往地下隧道采用"荷载-结构"模型，将围岩压力视为作用在衬砌上的荷载，利用结构力学的理论进行衬砌结构的设计计算，因此围岩压力的确定就成为隧道设计的关键。对于黄土隧道设计理论的研究，新中国成立后大致经历了四个阶段[8]。

（1）20 世纪 50～60 年代以普氏理论为基础。通过大量工程实践，人们发现普氏理论对黄土隧道并不适用，按普氏理论计算所得的围岩压力值大大超过现场实测结果，所假定的压力分布形式及侧向荷载系数也与实际不符，这样一方面造成衬砌设计厚度普遍偏大，引起不必要的浪费，另一方面衬砌控制断面上的设计弯矩与实际相反，致使不少工程建成后衬砌开裂。

（2）20 世纪 60 年代以工程地质类比法来指导设计。这一阶段人们根据地下隧道稳定性的要求对黄土进行了分类。

（3）20 世纪 70 年代提出以工程地质类比为主、力学计算为辅的设计理念，必要时再用实测的方法来指导设计。

（4）近 20 多年来，随着科学技术的发展，人们对土体应力-应变关系的研究逐渐深入，各种各样的弹塑性应力-应变本构模型应运而生，并随着计算机技术和岩土本构关系的建立，隧道及地下工程的强度分析开始以数值模拟为主。来弘鹏等[10]通过数值仿真分析了单心圆、尖三心圆、坦三心圆等三种隧道衬砌结构型式的结构各部分的力学性状，比较了各种衬砌断面型式的优缺点。李国良[11]结合郑西客运专线大断面黄土隧道的设计、施工情况，提出了大断面黄土隧道安全施工的对策。来弘鹏等[12]对黄土公路隧道的衬砌开裂进行了分析。李鹏飞等[13]以兰渝铁路胡麻岭隧道为工程背景，采用现场监测方法得到大断面黄土隧道初期支护与二次衬砌之间的接触压力，对大断面黄土隧道二次衬砌受力特性进行了研究。牛泽林等[14]对黄土地区单洞双层公路隧道进行了有限元分析。陈建勋等[15]对黄土隧道洞口段的支护结构进行力学特性分析。师伟[16]探讨了黄土隧道的最小净距。张金柱等[17]、罗禄森[18]、李宁[19]结合郑西客运专线，对其大断面黄土隧道的围岩变形、二次衬砌设计和施工方法进行了研究。赵占广等[20]通过对浅埋黄土公路隧道衬砌结构的现场测试，研究了围岩压力和衬砌应变与时间的变化规律。韩桂武等[21]通过对三十里铺隧道的现场测试，研究了浅埋黄土隧道初衬和围岩接触应力、锚杆轴力、喷射混凝土表面应变、二衬中钢筋应力和浇注混凝土应变随时间变化规律及分布特征。来弘鹏[22]对黄土公路隧道的合理衬砌断面型式进行了试验研究。刘坚等[23]通过有限元分析探讨了黄土隧洞与建筑物连体结构的计算方法。轩俊杰[24]以国道主干线青岛—银川陕西境吴堡至子洲段高速公路 N12 标—N16 标七座黄土隧道为依托，结合隧道的地质条件和工程条件，在隧道施工过程中埋设了大量的拱顶下沉、周边位移测点，对隧道的变形规律及稳定性进行了现场监控测量，并应用有限元软件（MIDAS-GTS）对黄土隧道的施工过程进行有限元仿真分析，从而探讨了黄土双车道公路隧道的变形规律。齐占国[25]对老黄土隧道的施工技术进行了探讨。李宁等[26]针对南水北调中线穿黄连接段大断面饱和黄土隧洞的成洞条件问题，应用岩土工程软件 FINAL 对几种可能的方案进行了分析。

可以看出，以上文献利用数值模拟计算隧道围岩和衬砌结构的应力和应变，甚至对施工过程进行的分析，其实质是强度分析。为了判断隧道的稳定性，现有文献采用有限元法计算应力、位移和塑性区大小来判断围岩的稳定性。张华兵等[27]采用黏弹塑性模型对黄土隧道围岩进行有限元分析，研究围岩的变形规律，探讨了围岩位移场分布，并同真实试验黄土隧道的侧面无衬砌和半衬砌两种工况各三种状态的变形破坏结果进行比较，发现用有限元方法模拟的结果与真实隧道的变形破坏过程基本吻合。Zienkiewicz 等[28]探讨了土力学中的黏塑性和塑性。朱汉华等[29]系统介绍了公路隧道的围岩稳定与支护技术。张伟[30]对大断面黄土隧道的稳定性参数指标进行了研究。虽然这些研究能通过有限元法计算所得的应力、位移和塑性区大小来判断围岩的稳定性，但由于不知道围岩的真正破坏状态，因此这种判断依赖于人的经验性。

这些研究为黄土隧道结构的稳定性分析奠定了坚实的基础，但由于不能确定围岩的真正破坏状态，无法算出隧道的安全储备系数，因此进行隧道围岩稳定性分析迫在眉睫。对于土体围岩隧道，由于土体是均质的，而且强度参数可通过试验得到，因此可以通过计算引入安全系数作为土体围岩隧道的稳定性判据。郑颖人等[31]已将有限元强度折减法应用于土体隧洞中，提出了黄土隧洞的剪切破坏与拉力破坏安全系数。邱陈瑜等[32]利用 ANSYS 对覆土厚度 30m 的无衬砌黄土隧洞进行了准静态分析。张红等[33]对黄土隧洞的重力作用安全系数进行了探讨，指出黄土隧洞的稳定必须同时满足两个要求，即初期支护后土体围岩的安全系数不小于 1.15，二次支护后衬砌结构的安全系数大于 2.0。李树忱等[34]提出了隧道围岩稳定分析的最小安全系数法。江权等[35]基于强度折减原理对地下洞室群的整体安全系数计算方法进行了探讨。熊敬等[36]对 Druker-Prager 型屈服准则与强度储备安全系数的相关性进行了分析。张黎明等[37]将有限元强度折减法应用到公路隧道之中。张永兴等[38]基于强度折减法对小净距隧道的合理净距进行了研究。刘小文等[39]对强度折减理论中塑性区贯通、特征点位移突变与基于力和位移准则判断计算是否收敛等三种较为广泛使用的判据加以比较。乔金丽等[40]将强度折减法应用在盾构隧道开挖面的稳定分析。贾蓬等[41]采用损伤力学和统计理论的单元本构模型提出了 RFPA 强度折减法运用于隧道的稳定性评价。杨臻等[42]探讨了强度参数对岩质隧洞围岩稳定性分析的影响。郑颖人等[43]对土质隧洞的围岩稳定性进行了分析，研究了隧洞围岩安全系数与衬砌安全系数的算法以及隧洞设计计算方法。陈星等[44]通过 ANSYS-ADINA 和 ANSYS-FLAC 接口程序，建立了 ADINA、ANSYS 和 FLAC 同套网格模型，较全面地剖析了不同计算程序（有限元法和有限差分法）、不同屈服准则（M-C 和 D-P 准则）对强度折减安全系数的影响。肖强等[45]对无衬砌黄土隧洞的静力稳定性进行了探讨。郑颖人等[46]通过试验研究了隧洞的破坏机理和深浅埋分界标准，指出浅埋拱形隧洞的破坏来自拱顶，深埋隧洞的破坏来自侧壁。

1.2.2　黄土隧道地震动稳定的国内外研究现状

根据文献[47]，地下结构的地震响应分析理论是基于地上建筑结构的分析理论发展而来。20 世纪 50 年代以前，国内外地下结构的抗震设计以日本学者大森房吉提出的静力理论为基础。20 世纪 60 年代初，苏联学者应用弹性理论求解地下结构均匀介质中关于单连通和多连通域中的应力应变状态，从而得出了地下结构地震力的精确解和近似解。20 世纪 70 年代，日本学者通过现场观测和模型试验，建立了数学模型，提出了反应位移法、应变传递法和地基抗力法等实用分析法。20 世纪 80 年代末至 20 世纪 90 年代初，Wolf 和 Song 又提出了递推衍射法。

随着科学技术的发展，地震作用下地下结构的研究得到了长足的发展，其研究方法主要有三种，即地震观测、实验研究和理论分析。通过地震观测得到影响地下结构地震反应的因素是地基变形而不是地下结构的惯性力。实验研究有人工震源实验和振动台实验。对于人工震源实验，由于起振力较小，因此实验结果很难反映出结构物的非线性和周围介质等因素对地下结构地震反应的影响；对于振动台实验，由于能较好地把握地下结构的地震反应特性、地下结构与周围介质之间的相互作用等问题，得到广泛应用，但也存在着尺度效应、实验室条件与现场条件不同的缺陷。理论分析大致分为解析法、半解析半数值法和数值法，具体介绍如下。

1. 田村重二郎的质量弹簧模型法

田村重二郎的质量弹簧模型法[48]是针对地震作用下沉管隧道分析提出的，假定：

（1）地面以下一定深度处存在着一基岩面。

（2）地表层的振动不受隧道存在的影响。

（3）剪切振动是地表层产生位移的主要因素，同时它对隧道中产生的地震应变影响最大。

（4）根据质量弹簧模型计算所得的隧道纵向地表层位移，将隧道按弹性地基梁进行动力分析。

（5）忽略隧道本身的惯性力。

2. 福季耶娃法

福季耶娃法认为：对于 P 波和 S 波，当波长大于隧道洞径的 3 倍、隧道埋深较大（大于洞径 3 倍）和隧道长度大于洞径 5 倍时，地震反应的动力学问题可用围岩结构在无限远处承受一定荷载的弹性力学平面问题求解解答，即拟静力法[49]。

3. John 法

John 等[50]认为，由地震波引起的地下结构承受的地震荷载按其受载方式可分为弯曲荷载、横向荷载和轴向荷载。

4. Shukla 法

Shukla 等[51]采用拟静力方法来考虑土体与结构的相互作用，建立了地下结构的数学模型，并认为地震波在长大的地下结构内传播时会产生横向应力、轴向应力和弯曲应力。

5. 反应位移法

20世纪70年代，日本学者从地震观测着手，提出了地下线状结构物的反应位移法，即用弹性地基梁来模拟地下线状结构物，从而计算隧洞、管道等的地震反应[47]。同时，日本学者还根据长期地震观测和波动理论分析的结果提出了两种实用分析方法，即围岩应变传递法和地基抗力系数法。

6. BART 法

BART 法是针对地下结构的实际破坏特点，提出了地下结构应具有吸收强变形的延性，而且不丧失承受静载的能力[52]。

7. 递推衍射法

递推衍射法由 Dasgupta 提出，而后经过 Wolf 和 Song 的发展[47]。它的基本思想是为了计算边界阻抗，将一无限域 $B(a)$ 当做由无限个几何形状相同的单体域 $F(m)$ 组成，前者的边界阻抗可通过后者的动力刚度矩阵运用一般的有限元列式求得。

8. 地震系数法

地震系数法是把地震作用简化为静止作用的力进行分析，将力施加在结构的重心处，其大小为结构的重量乘以设计地震系数[53]。

9. 等代地震荷载法

该方法旨在对地铁车站和区间隧道衬砌结构的设计，建立用于计算地震响应的等代结构力学方法，并力求将动力问题的计算简化为等效静力问题求解[54,55]。

10. 数值方法

随着计算机技术的飞速发展，数值方法在近 30 年来得到长足的发展。按照求解域的不同，有频域分析法和时域分析法；按求解方法的不同，包括有限元法（FEM）、边界元法（BEM）、有限差分法（FDM）、离散元法（DEM）和嫁接法（cloning method）等。

现有文献已利用解析法和数值方法对隧道等地下结构的地震反应分析进行广泛的研究。例如，Krauthammer 等[56]采用解析法求解了自由场地在近场和远场边界上的动位移和动应力，并求解了地下结构的地震反应。杨光等[57]采用设置人工透射边界的有限元方法计算了含有地下隧道的地基在 SH 波和 Rayleigh 波作用下的地震反应，并验证了有限元-人工透射边界法求解此类问题的有效性。姜忻良等[58]采用有限元-无限元耦合法进行了地下隧道-土动力相互作用分析，并用该法分析了均质软土中地下隧道结构侧壁顶端的动位移反应。Chen 等[59]基于子结构法开发了土-结构动力相互作用分析专业软件 SASSI 2000，并对日本大开地铁车站结构进行地震反应分析。周健等[60]研究了行波情况下地下建筑物动力反应。陈国兴等[61]、庄海洋等[62]采用整体有限元法分析了软土隧道的地震反应，讨论了软土地基上浅埋隧道的地震内力反应分布特征和对周围场地设计地震动的影响规律。刘晶波等[63]采用复反应分析法研究了地铁盾构隧道的地震反应特性。李彬等[64]利用 Flush 软件对一双层地铁车站进行了地震反应分析。庄海洋等[65]采用动力塑性损伤模型模拟混凝土在循环荷载下的非线性特性，对两层双柱岛式地铁车站结构、双洞单轨地铁区间隧道进行了非线性地震反应分析。张鸿等[66]对地震作用下地铁隧道进行了非线性分析。杨军[67]研究了截面形式对浅埋隧道抗震性能的影响。孔戈等[68]研究了盾构隧道的横向地震响应规律研究。佘芳涛[69]探讨了施工过程中地应力释放率对隧道动力稳定性的影响。杨小礼[70]对浅埋大跨度连拱隧道进行了地震反应分析。赵源等[71]研究了地震动入射角度对地下结构地震响应的影响。杨小礼等[72]对水平地震力作用下浅埋偏压隧道的松动围岩压力进行了研究。陈灿寿等[73]研究了浅埋地下结构顶板在竖向地震作用下的动力响应。王兰民等[74]研究了利用爆破模拟地震动条件下黄土场地的震陷情况。

随着我国西部地区水利、交通、城市等基础设施建设的发展，黄土地区隧道等地下结构的建设越来越多，同时，人们也在这方面开展了大量的研究工作。陈国兴等[75]对黄土窑洞按最大拉应力理论进行了准静态和地震动力响应分析。高峰等[76]分别按平面应变和空间三维问题对黄土窑洞按最大拉应力理论在各种地震作用下进行了时间历程分析。刘坚等[77]对建筑物与黄土隧洞连体结构进行了抗震分析。高丽等[78]以某黄土公路隧道为研究对象，研究了其在 8 度地震载荷作用下的动力时程反应。史良[47]对黄土隧道进行了抗震设计研究。

随着科学技术的发展，对地下结构进行强度分析的同时，人们也对地下结构的稳定性进行了较为广泛的研究。刘镇等[79]运用协同学与混沌动力学，分析了隧道变形失稳过程的非线性动力学演化特征。陈立伟等[80]、彭建兵等[81]将黄土视为弹塑性材料，采用 Drucker-Prager 屈服准则对黄土洞穴进行了地震作用下的应力分析。张金柱等[82]对郑西客运专线黄土隧道洞口高边坡稳定及隧道地震作用动力响应进行了研究。这些研究为地震作用下黄土隧道结构的强度和稳定分析奠定了坚实的基础，所不足的是强度和稳定分析中虽进行了应力、应变和位移变化规律的研究，但其重点是隧道衬砌结构的研究，且不能确定隧道结构的实际破坏情况，无法算出隧道的安全储备系数。为了得到地震作用下地下结构的破坏情况和安全储备系数，现有文献已做了一些工作，Wang 等[83]利用强度折减法求解了重力坝的地震稳定系数。

由此可知，对于隧道结构的强度和稳定性分析，加速度法和惯性力法虽然已经被采用，但峰值加速度时应力和位移未必是最大，惯性力法的放大系数取值很大程度上取决于经验。现有文献虽利用时程分析法对隧道等地下工程进行了强度和稳定分析，但由于弹性模量 E 和泊松比 μ 很难测得近似值，致使结论与实际大相径庭。根据工程实践经验，对于隧道结构的稳定性分析重点应放在围岩结构和初次衬砌结构上，而对于黄土隧道结构，围岩结构的稳定直接关系到整个结构的稳定性。

综上所述，随着工程建设的飞速发展和西部大开发的顺利推进，高烈度黄土地区的隧道建设将越来越多，这些隧道的安全程度能否满足正常使用状态成为一个悬而未决的问题，定量估计黄土隧道的地震动安全储备迫在眉睫。

1.2.3　黄土动参数研究现状

李启鹍等[84]在模拟地震荷载作用下，对西安地区原状黄土的动力特性进行循环三轴实验。结果表明，影响黄土剪切模量和阻尼比的主要因素除了剪应变幅值、孔隙比和平均有效周围压力外，还应当考虑黄土的结构性和湿度，包括地质成因等。Cui 等[85]在非饱和土的扩展弹塑性本构关系模型的框架下，利用渗透控制吸力三轴仪进行了实验。各向同性加载试验证实了该模型的主要特点是吸入量变化的影响，并允许直接测定的液相曲线，显示了压实非饱和土与软土之间的一些相似之处，如倾斜的椭圆形式的收益率曲线，结果由各向异性的应力状态主要在压实。Vanaplli 等[86]介绍了土-水特征曲线和非饱和土相对于基质吸力和剪切强度之间的关系。利用分析模型来预测土壤方面的剪切强度；该方法是利用土壤-水特征曲线和饱和抗剪强度参数，将预测剪切强度计算模型的结果与实验结果进行比较。骆亚生等[87]选取西安、兰州、太原三个典型黄土地区作为研究对象，对不同初始湿度下原状黄土进行动力特性的研究。试验结果表明，当固结压力不变时，黄土的破坏动应力与含水率成反比，且含水率小时曲线较陡，含水率大时较为平缓，界限为塑限含水率；含水率大于塑限后，破坏动应力的影响与固结压力成反比关系；黄土的动莫尔-库仑强度计算中，动黏聚力随含水率增大而减小，下降的趋势随含水率的增大逐渐变得缓慢。当含水率小于塑限时，动摩擦角基本成下降趋势，含水率大于塑限时，动摩擦角基本不变，并且在量值上表现为不同地区黄土动摩擦角大小近似相同。王兰民[88]列举了两种黄土动强度的试验方法：一种是选取原状黄土作为样品，利用砂土的液化强度试验方法按一定的振次和破坏应变标准画出动强度的莫尔圆得到动黏聚力和动摩擦角，另一种是把试样粘在试样座上进行振动试验；湿型黄土的动摩擦角和动黏聚力都降低了，说明动强度远小于静强度。第二种试验方法得到的黄土动强度更小，说明地震荷载对黄土抗剪强度的削弱更加明显，从而使地震的震害加重，主要是地震作用下能使黄土原生的骨架结构逐渐削弱达到破坏，土的动强度是随着动荷载作用的速率和循环效应而不同。邱青长等[89]通过三轴剪切试验得到了土的饱和度对软黏土抗剪强度参数的影响。试验结果表明，对软黏土的黏聚力和内摩擦角影响较大的因素是饱和程度，饱和度增大软黏土强度随之降低，黏聚力和内摩擦角均随着饱和度的增加而减小，且都不是呈线性关系，主要区别是黏聚力减小的速率越来越慢而内摩擦角的速率却越来越快。邵生俊等[90]在三轴试验的基础上详细地考察了黄土结构性，并提出了一个能反应微观排列结构性的图例，建立了反映黄土结构性的定量化指标，并用来反映土粒间特殊胶结结构，可以体现出宏观力学特征，释放原状土的固有结构势是反映结构性参数的有效途径。试验结果表明，结构性参数与理论分析有较好地一致性，将低围压和低含水率的应力应变曲线映入结构参数中得到原三段状的不稳定形态曲线转变成上升的曲线。李喜安等[91]结合已有的动力学参数研究成果，针对黄土高原地区黄土路基试样进行动力学试验研究，在陕北、陇东、陇西等黄土高原典型地区公路路基的不同深度选取 12 组原状黄土进行试验分析。试验表明，黄土动黏聚力随黄土的含水量增大而明显降低，当黄土含水量低于塑限时，动摩擦角随含水量的增大而不断降低，当含水量超过塑限后，动摩擦角基本不变。骆亚生等[92]在对杨凌非饱和黄土进行动三轴实验时，利用改造扭剪动三轴仪上的孔隙压力测试系统可以对黄土试样孔隙气压力和孔隙水压力的动态测量。实验表明，黄土的动剪切模量随动剪应变的增大而降低，减小的幅度随剪应变的变大而越来越小，最大动剪切模量和含水率成反比，和固结应力成正比；在相同条件下原状黄土相比较重塑黄土的最大动剪应力稍大，最大动剪应力与含水量成反比，与固结压力成正比。邵生俊等[93]基于三轴应力条件下的结构性参数，分析了抗剪强度与结构性参数之间变化的内在联系，并将其初步应用于黄土隧道的力学特性分析中，得到了土体抗剪强度参数和结构性参数两者的关系，具体为黏聚力与结构性参数成曲线关系，摩擦角基本不随结构性参数而改变。边加敏等[94]考虑到影响非饱和土抗剪强度的因素比较复杂，且较为困难地去准确确定抗剪强度。非饱和土和饱和土抗剪强度最本质的区别在于不同的含水量，抗剪强度受含水量最大的影响主要还是表现在对黏聚力和内摩擦角上，通过实验可以得到，含水量越大，土的黏聚力越小，减小幅度不成比例，但总黏聚力与含水量可以近似成二次曲线关系，含水量越大内摩擦角也在减小，幅度较小可以近似呈线性关系；在规定的含水量范围内，含水量对总黏聚力的影响要大于对总内摩擦角的影响。

1.3　本书的主要内容

国内外对于地震作用下黄土隧道的动力稳定性分析，目前虽利用时程分析法对隧道等地下工程进行了稳定分析，但由于弹性模量 E 和泊松比 μ 很难测得近似值，致使分析结果并不能很好地指导工程实践，同时该研究成果并不能获得隧道结构的动力安全系数；利用峰值加速度法虽然能够获得隧道结构的动力安全系数，但峰值加速度时结构内的应力和位移未必是最大，因此所得的动力安全系数并不能完全反映地震作用下黄土隧道的安全储备情况。

综上所述，本书在现有文献的基础上，通过数值算例，利用动力有限元静力强度折减法和动力有限元强度折减法，研究黄土隧道的地震动稳定性，具体内容如下。

（1）黄土隧道地震动稳定性分析的动力有限元静力强度折减法。首先采用水平地震作用下的动力分析模型进行模态分析，得到质量阻尼系数和刚度阻尼系数，其次输入地震波进行动力时程分析，得到模型顶点的最大水平位移，最后采用静力分析模型，并考虑自重和左右边界上顶点水平位移最大时的侧向边界节点水平位移，通过不断折减围岩土体的抗剪强度参数——黏聚力 c 和内摩擦角 φ，直到计算不收敛为止，从而得到黄土隧道在地震作用下的安全系数，实现黄土隧道等地下结构地震动稳定分析的动力有限元静力强度折减法。

（2）隧道结构地震动稳定性分析的动力有限元强度折减法。不论峰值加速度法还是动力有限元静力强度折减法，其稳定性分析的方法仍然静力的，因此有必要提出新的稳定性分析方法——动力有限元强度折减法。为了实现动力有限元强度折减法，借助通用有限元软件，首先对水平地震作用下的模型进行模态分析，得到质量阻尼系数和刚度阻尼系数，其次由静力分析模型得到竖向边界上的水平向支座反力，然后将结构自重转化为温度边界条件，通过热分析得到模型各节点的温度，从而实现在动力分析中考虑重力的影响，最后采用悬臂梁动力分析模型，导入热分析获得的模型各节点的温度，并在竖向边界上施加水平向支座反力，通过不断折减围岩塑性折减区的黏聚力 c 和内摩擦角 φ，直到计算不收敛为止，从而得到黄土隧道在地震作用下的安全系数，实现黄土隧道等地下结构地震动稳定分析的动力有限元强度折减法。

（3）有无衬砌黄土隧道的地震动稳定性分析。根据工程实际情况，黄土隧道可分为无衬砌和有衬砌两种情况。首先，研究隧道跨度、覆土厚度和地震烈度对动力稳定安全系数的影响；其次，考虑隧道衬砌结构的弹塑性本构关系，对有衬砌黄土隧道进行地震动稳定性分析。

（4）地震-渗流-列车荷载作用下的黄土隧道断面形式分析。通过建立地震-列车荷载共同作用的结构模型，然后与雨水渗流作用的流体模型进行计算，分别对四种断面形式黄土隧道结构进行动力响应分析。

（5）列车荷载作用下黄土隧道结构的地震动稳定分析。列车在隧道中运行时，由于摩擦力和惯性力的作用，列车车轮将与它接触的结构表面产生一个水平的冲击力，从而对道路结构的安全性和稳定性产生一定影响，且该影响会经由路面结构传至隧道的衬砌和围岩结构，使其影响范围扩大，进一步会影响隧道的稳定性，因此研究列车荷载对隧道围岩结构的稳定性具有一定的必要性。首先建立黄土隧道的结构分析模型，然后利用动力有限元静力强度折减法分别得到不同覆土厚度的黄土隧道结构在列车振动荷载与近场有脉冲、近场无脉冲和远场无脉冲地震的共同作用下的安全系数和塑性应变云图，最后通过分析对比安全系数的变化以及塑性应变的分布大小和范围，判断隧道的稳定性。

（6）雨水渗流作用下黄土隧道结构的地震动稳定分析。黄土大部分分布在干旱与半干旱的山体地带，地下水埋藏相对较深，黄土覆盖层常处于非饱和状态，因此渗流作用主要受到降水量的影响。虽然西部地区的年平均降水量不大，但在雨季，持续强降水条件尤其是在地震发生后，结构在雨水的渗透作用下，极易引发各种次生的地质灾害。对隧道工程来说，众多的工程事故案例也表明，地表降水极易诱发隧道的塌方、滑坡等工程事故，特别是在有降水的情况，雨水下渗改变了土体的孔隙比、饱和度和渗透系数，使地表一定深度范围内的土层迅速达到饱和，直接影响隧道的稳定性。本书研究了黄土隧道围岩结构在中雨、大雨和暴雨渗流作用下的地震动稳定性。

（7）列车荷载和雨水渗流作用下黄土隧道结构的地震动稳定分析。综合考虑列车荷载和雨水渗流的共同作用。在结构分析模型的隧洞拱底部设置隧道底部填充层、混凝土路面和轨道结构，并间隔一定的距离设置两点，作为施加竖向的列车移动荷载的位置。采用动力有限元静力强度折减法，通过与渗流及列车振动下的稳定性对比，以评估列车荷载和雨水渗流同时作用对黄土隧道地震动稳定性的影响。

（8）考虑黄土动参数的隧道结构地震动稳定分析。我国的黄土隧道主要修建在地震烈度较高的西部地区，因此隧道需要很好的抗震性能，合理研究地震作用下黄土动参数对隧道稳定性的影响是十分必要的。利用动力有限元静力强度折减法研究动参数情况下黄土隧道的地震动稳定，得到黄土隧道的破坏机理。

（9）工程应用。以方家湾黄土隧道为工程背景，分别采用动力有限元静力强度折减法和动力有限元强度折减法评估该工程的稳定性，并对比两类方法的差异。

参 考 文 献

[1] 刘祖典. 黄土力学与工程[M]. 西安: 陕西科学技术出版社, 1996.

[2] 张中兴. 黄土与黄土工程[M]. 西宁: 青海人民出版社, 1998.

[3] 建筑抗震设计规范（GB 50011—2010）[S]. 北京: 中国建筑工业出版社, 2010.

[4] 干昆蓉. 地下工程围岩稳定分析方法存在的问题与思考[J]. 铁道工程学报, 2003, 1: 48-52.

[5] 李世辉. 隧道围岩稳定系统分析[M]. 北京: 中国铁道出版社, 1991.

[6] 于学馥, 郑颖人, 刘怀恒, 等. 地下工程围岩稳定分析[M]. 北京: 煤炭工业出版社, 1983.

[7] 王思敬, 杨志法, 刘竹华. 地下工程岩体稳定分析[M]. 北京: 科学出版社, 1984

[8] 刘伟. 大断面黄土隧道开挖过程的地层响应及施工方法研究[D]. 武汉: 武汉理工大学硕士学位论文, 2007.

[9] 刘小军, 王铁行, 于瑞艳. 黄土地区窑洞的历史、现状及对未来发展的建议[J]. 工业建筑, 2007, 37(增): 113-116.

[10] 来弘鹏, 谢永利, 杨晓华. 黄土公路隧道衬砌断面型式的仿真分析[J]. 公路, 2007, 4: 200-203.

[11] 李国良. 大跨黄土隧道设计与安全施工对策[J]. 现代隧道技术, 2008, 45(1): 53-62.

[12] 来弘鹏, 杨晓华, 林永贵. 黄土公路隧道衬砌开裂分析[J]. 长安大学学报(自然科学版), 2007, 27(1): 45-49.

[13] 李鹏飞, 张顶立, 赵勇. 大断面黄土隧道二次衬砌受力特性研究[J]. 岩石力学与工程学报, 2010, 29(8): 1690-1696.

[14] 牛泽林, 李德武. 黄土地区单洞双层公路隧道有限元分析与研究[J]. 公路, 2007, 11: 221-223.

[15] 陈建勋, 姜久纯, 罗彦斌, 等. 黄土隧道洞口段支护结构的力学特性分析[J]. 中国公路学报, 2008, 21(5): 75-80.

[16] 师伟. 黄土隧道最小净距的探讨[J]. 公路, 2006, 7: 193-194.

[17] 张金柱, 郝文广. 郑西大断面黄土隧道施工方法模拟分析[J]. 隧道建设, 2007, 8(增): 80-86.

[18] 罗禄森. 郑西客运专线大断面黄土随道二次衬砌设计方法研究[D]. 成都: 西南交通大学硕士学位论文, 2007.

[19] 李宁. 郑西客运专线大断面黄土隧道围岩变形特征[J]. 铁道标准设计, 2007, 增 1: 19-21.

[20] 赵占广, 谢永利, 杨晓华, 等. 黄土公路隧道衬砌受力特性测试研究[J]. 中国公路学报, 2004, 17(1): 66-69.

[21] 韩桂武, 刘斌, 范鹤. 浅埋黄土隧道衬砌结构受力分析[J]. 岩石力学与工程学报, 2007, 26 (增 1): 3250-3256.

[22] 来弘鹏. 黄土公路隧道合理衬砌断面型式试验研究[D]. 西安: 长安大学硕士学位论文, 2004.

[23] 刘坚, 任侠. 黄土隧洞与建筑物连体结构有限元分析[J]. 兰州铁道学院学报, 1999, 18(2): 1-6.

[24] 轩俊杰. 黄土隧道变形规律研究[D]. 西安: 长安大学硕士学位论文, 2008.

[25] 齐占国. 老黄土隧道施工技术研究[D]. 上海: 同济大学硕士学位论文, 2007.

[26] 李宁, 朱运明, 谢定义. 大断面饱和黄土隧洞成洞条件研究[J]. 岩土工程学报, 2000, 22(6): 639-642.

[27] 张华兵, 倪玉山, 赵学勋. 黄土隧道围岩稳定性粘弹塑性有限元分析[J]. 岩土力学, 2004, 25(增): 247-250.

[28] ZIENKIEWICZ O C, HUMPHESON C, LEWIS R W. Associated and non-associated visco-plasticity and plasticity in soil mechanics[J]. Geotechnique, 1975, 25(4): 671-689.

[29] 朱汉华, 孙红月, 杨建辉. 公路隧道围岩稳定与支护技术[M]. 北京: 科学出版社, 2007.

[30] 张伟. 大断面黄土隧道稳定性参数指标研究[D]. 北京: 铁道科学研究院硕士学位论文, 2007.

[31] 郑颖人, 邱陈瑜, 张红, 等. 关于土体隧洞围岩稳定性分析方法的探索[J]. 岩石力学与工程学报, 2008, 27(10): 254-260.

[32] 邱陈瑜, 郑颖人, 宋雅坤. 采用 ANSYS 软件讨论无衬砌黄土隧洞安全系数[J]. 地下空间与工程学报, 2009, 5(2): 291-296.

[33] 张红, 郑颖人, 杨臻, 等. 黄土隧洞安全系数初探[J]. 地下空间与工程学报, 2009, 5(2): 297-306.

[34] 李树忱, 李术才, 徐帮树. 隧道围岩稳定分析的最小安全系数法[J]. 岩土力学, 2007, 28(3): 549-554.

[35] 江权, 冯夏庭, 向天兵. 基于强度折减原理的地下洞室群整体安全系数计算方法探讨[J]. 岩土力学, 2009, 30(8): 2483-2488.

[36] 熊敬, 张建海. Druker-Prager 型屈服准则与强度储备安全系数的相关分析[J]. 岩土力学, 2008, 29(7): 1905-1910.

[37] 张黎明, 郑颖人, 王在泉, 等. 有限元强度折减法在公路隧道中的应用探讨[J]. 岩土力学, 2007, 28(1): 97-101.

[38] 张永兴, 胡居义, 何青云, 等. 基于强度折减法小净距隧道合理净距的研究[J]. 水文地质工程地质, 2006, 33(3): 64-67.

[39] 刘小文, 张功. 强度折减应用于隧道群整体稳定性分析的判据比较[J]. 南昌大学学报(工科版), 2010, 32(2): 154-157.

[40] 乔金丽, 张义同, 高健. 强度折减法在盾构隧道开挖面稳定分析中的应用[J]. 天津大学学报, 2010, 43(1): 14-20.

[41] 贾蓬, 唐春安, 杨天鸿, 等. 强度折减法在岩石隧道稳定性研究中的应用[J]. 力学与实践, 2009, 29(32): 50-55.

[42] 杨臻, 郑颖人, 张红, 等. 岩质隧洞围岩稳定性分析与强度参数的探讨[J]. 地下空间与工程学报, 2009, 5(2): 283-290.

[43] 郑颖人, 邱陈瑜, 宋雅坤, 等. 土质隧洞围岩稳定性分析与设计计算方法探讨[J]. 后勤工程学院学报, 2009, 25(3): 1-9.

[44] 陈星, 李建林. 基于 ADINA、ANSYS、FLAC 的强度折减法[J]. 水文地质工程地质, 2010, 37(3): 69-73.

[45] 肖强, 郑颖人, 叶海林. 静力无衬砌黄土隧洞稳定性探讨[J]. 地下空间与工程学报, 2010, 6(6): 1136-1141.

[46] 郑颖人, 徐浩, 王成, 等. 隧洞破坏机理及深浅埋分界标准[J]. 浙江大学学报(工学版), 2010, 44(10): 1851-1875.

[47] 史良. 黄土隧道抗震设计研究[D]. 西安: 长安大学硕士学位论文, 2005.

[48] 牟瑞芳. 应用边界元法岩石隧道进行反分析[J]. 隧道译丛, 1992, (8): 19-22.

[49] 福季耶娃. 地震区地下结构支护的计算[M]. 徐显毅, 译. 北京: 煤炭出版社, 1986.

[50] JOHN C M S, ZAHRAH T F. Aseismic design of underground structures[J]. Tunnellingand Underground Space Technology, 1987, 21: 65-197.

[51] SHUKLA D K, RIZZO P C, STEPHENSON D E. Earthquake load analysis of tunnel sand shafts[C]. Proceeding of the Seventh World Conference on Earthquake Engineering, 1980, 8: 20-28.

[52] THOMAS R K. Earthquake design criteria for subways[J]. Journal of the Structural Division, 1969, (6): 1213-1231.

[53] 邵根大. 城市地下结构的抗震设计问题[M]. 北京: 铁道部科学研究院铁道建筑研究所, 1985.

[54] 林皋. 地下结构抗震分析综述（上、下）[J]. 世界地震工程, 1990, (2,3): 1-10.

[55] 郑永来, 刘曙光, 杨林德, 等. 软土中地铁区间隧道抗震设计研究[J]. 地下空间与工程学报, 2003, 23(2): 111-114.

[56] KRAUTHAMMER T, CHEN Y. Soil-structure interface effects on dynamic interaction analysis of reinforced concrete lifeline[J]. Soil Dynamic and Earthquake Engineering, 1989, 8(1): 32-42.

[57] 杨光, 刘曾武. 地下隧道工程地震动分析的有限元——人工透射边界方法[J]. 工程力学, 1994, (4): 122-130.

[58] 姜忻良, 徐余, 郑刚. 地下隧道—土体系地震反应分析的有限元和无限元耦合法[J]. 地震工程与工程振动, 1999, (3): 22-26.

[59] CHEN G X, ZHUANG H Y, SHI G L. Analysis on the earthquake response of subway station based on the substructure subtraction method[J]. Journal of Disaster Prevention and Mitigation Engineering, 2004, (4): 396-401.

[60] 周健, 胡晓燕. 考虑行进波的地下建筑物动力反应分析[J]. 岩石力学与工程学报, 2001, (1): 70-73.

[61] 陈国兴, 庄海洋, 徐烨. 软弱地基浅埋隧洞对场地设计地震动的影响[J]. 岩土工程学报, 2004, (6): 17-22.

[62] 庄海洋, 陈国兴. 软弱地基浅埋地铁区间隧洞的地震反应分析[J]. 岩石力学与工程学报, 2005, (14): 2506-2512.

[63] 刘晶波, 李彬, 谷音. 地铁盾构隧道地震反应分析[J]. 清华大学学报, 2005, (6): 757-760.

[64] 李彬, 刘晶波, 尹晓. 双层地铁车站的强地震反应分析[J]. 地下空间与工程学报, 2005, (5): 779-782.

[65] 庄海洋, 陈国兴, 胡晓明, 等. 两层双柱岛式地铁车站结构水平向非线性地震反应分析[J]. 岩石力学与工程学报, 2006, (51): 3074-3079.

[66] 张鸿, 毕继红, 张伟. 地铁隧道地震反应非线性分析[J]. 地震工程与工程振动, 2004, 24(6): 146-153.

[67] 杨军. 截面形式对浅埋隧道抗震性能的影响[D]. 成都: 西南交通大学博士学位论文, 2002.

[68] 孔戈, 周健, 徐建平, 等. 盾构隧道横向地震响应规律研究[J]. 岩石力学与工程学报, 2007, 26(增1): 251-252.

[69] 余芳涛. 饱和黄土隧道动力响应及稳定性变化机理研究[D]. 西安: 西安理工大学硕士学位论文, 2008.

[70] 杨小礼. 浅埋大跨度连拱隧道地震反应分析[J]. 中南大学学报(自然科学版), 2006, 37(5): 991-996.

[71] 赵源, 杜修力, 李立云. 地震动入射角度对地下结构地震响应的影响[J]. 防灾减灾工程学报, 2010, 30(6): 624-630.

[72] 杨小礼, 黄波, 王作伟. 水平地震力作用下浅埋偏压隧道松动围岩压力的研究[J]. 中南大学学报(自然科学版), 2010, 41(3): 1090-1095.

[73] 陈灿寿, 戚承志, 钱七虎, 等. 浅埋地下结构顶板在竖向地震作用下的动力响应[J]. 世界地震工程, 2010, 26(4): 86-92.

[74] 王兰民, 孙军杰, 徐舜华, 等. 爆破模拟地震动条件下黄土场地震陷研究[J]. 岩石力学与工程学报, 2008, 27(5): 913-921.

[75] 陈国兴, 张克绪, 谢君斐. 黄土崖窑洞抗震性能分析[J]. 哈尔滨建筑大学学报, 1995, 28(1): 16-21.

[76] 高峰, 任侠. 黄土窑洞地震反应分析[J]. 兰州铁道学院学报(自然科学版), 2001, 20(3): 12-18.

[77] 刘坚, 任侠. 建筑物与黄土隧洞连体结构抗震分析[J]. 兰州铁道学院学报(自然科学版), 2000, 19(3): 9-13.

[78] 高丽, 高峰. 双层黄土公路隧道地震反应的分析[J]. 石河子大学学报(自然科学版), 2008, 26(5): 621-625.

[79] 刘镇, 周翠英, 房明. 隧道变形失稳过程的非线性动力学分析与破坏判据研究[J]. 岩土力学, 2010, 31(12): 3887-3893.

[80] 陈立伟, 彭建兵, 范文. 地震作用下黄土暗穴的稳定性[J]. 长安大学学报(自然科学版), 2007, 27(6): 34-36.

[81] 彭建兵, 李庆春, 陈志新, 等. 黄土洞穴灾害[M]. 北京: 科学出版社, 2008.

[82] 张金柱, 郝文广. 郑西客专黄土隧道洞口高边坡稳定及隧道地震作用动力响应研究[J]. 隧道建设, 2007(增 8): 127-133.

[83] WANG D S, ZHANG L J, XU J J, et al. Seismic stability safety evaluation of gravity dam with shear strength reduction method[J]. Water Science and Engineering, 2009, 2(2): 52-60.

[84] 李启鹃, 程显尧, 蔡东艳. 地震荷载下的黄土动力特性[J]. 西安冶金建筑学院学报, 1985, 17(3): 9-37.

[85] CUI Y J, DELAGE P. Yielding and plastic behavior of an unsaturated compacted silt[J]. Geotechnique, 1996, 46: 291-311.

[86] VANAPLLII S K, FREDLUND D G, PUFAH D, et al. Model for the prediction of shear strength with respect to soil suction[J]. Canadian Geotechnical Journal, 1996, 33(3): 379-392.

[87] 骆亚生, 谢定义, 陈存礼. 黄土不同湿度状态下破坏动强度的试验分析[J]. 西安理工大学学报, 2001, 17(4): 403-407.

[88] 王兰民. 黄土动力学[M]. 北京: 地震出版社, 2003.

[89] 邱青长, 黄生文. 软粘土抗剪强度参数试验研究[J]. 土工基础, 2004, 18(1): 37-40.

[90] 邵生俊, 周飞飞, 龙吉勇. 原状黄土结构性及其定量化参数研究[J]. 岩土工程学报, 2004, 26(4): 531-536.

[91] 李喜安, 彭建兵, 范文, 等. 公路黄土路基动力学参数的影响因素及其规律研究[J]. 公路交通科技, 2005, 22(6): 87-91.

[92] 骆亚生, 李瑞, 田堪良. 非饱和黄土动力特性试验方法研究[J]. 地下空间与工程学报, 2007, 3(6): 1041-1046.

[93] 邵生俊, 邓国华. 原状黄土的结构性强度特性及其在黄土隧道围岩压力分析中的应用[J]. 土木工程学报, 2008, 41(11): 93-98.

[94] 边加敏, 王保田. 含水量对非饱和土抗剪强度影响研究[J]. 人民黄河, 2010, 32(11): 124-125.

第2章 强度折减法的基本原理

根据国内外研究现状，现有文献已利用时程分析法和峰值加速度法对黄土隧道进行了强度和稳定性分析，不足的是：时程分析法中，由于弹性模量 E 和泊松比 μ 很难测得近似值，致使分析结果不仅不能很好地指导工程实践，而且不能获得隧道结构的动力安全系数；峰值加速度法中，虽然能够获得隧道结构的动力安全系数，但由于峰值加速度时结构内的应力和位移未必最大，致使所得的动力安全系数不能完全反映地震作用下黄土隧道的安全储备情况。为了较好地反映地震作用下黄土隧道的安全储备情况，本书拟发展动力有限元静力强度折减法和动力有限元强度折减法。本章将详细介绍后面各章分析中所需的强度折减法基本原理。

2.1 弹性常数对地震动安全系数的影响

在利用强度折减法计算黄土隧道的安全系数时，要用到两个弹性常数，即弹性模量 E 和泊松比 μ，因此本节讨论弹性模量 E 和泊松比 μ 对安全系数的影响。

2.1.1 弹性模量对安全系数的影响

隧道周围的位移受土体的弹性模量影响很大，同一点处围岩结构的弹性模量不同，位移也存在着很大的差异。在实践过程中发现某些隧道虽发生了大于极限位移的变形也不产生破坏，而有些隧道的变形虽小于极限位移却产生了破坏，文献[1]通过对土体隧洞围岩结构稳定性的分析，研究了不同弹性模量对安全系数的影响（表2-1）。

表 2-1　不同弹性模量的计算结果

弹性模量/MPa	拱顶最大垂直位移/mm	侧墙最大水平位移/mm	安全系数
20	94	76	1.62
30	73	51	1.62
40	47	38	1.62
50	44	30	1.62
60	36	25	1.62

由表 2-1 可以看出，隧洞不同部位产生的位移值不同，总体上拱顶的位移比侧墙的位移大，在隧洞受力状态与土体的强度相同的情况下，隧洞拱顶与侧墙最大位移随着弹性模量的增大而减小。当弹性模量为20MPa 时，拱顶最大垂直位移与侧墙最大水平位移分别为弹性模量为60MPa 时的 2.6 倍与 3 倍，由此可见，弹性模量对于隧洞洞周位移影响很大。同时可以看出，安全系数不受弹性模量的影

响，即使弹性模量测量不是很精确，也不会影响隧洞围岩的稳定性分析。因此，本书中弹性模量可参考现有文献给出。

2.1.2　泊松比对安全系数的影响

根据弹塑性力学和文献[1]，泊松比μ对塑性区分布范围的影响很大。在受力状态与土体强度相同的情况下，泊松比取值不同时围岩塑性区差别很大，按经验法就会得出不同的判定结果。文献[1]通过对土体隧洞围岩结构稳定性的分析，研究了不同泊松比μ对安全系数的影响，见表2-2。

表2-2　不同泊松比的计算结果

泊松比	围岩塑性区面积/m^2	围岩塑性区最大深度/m	安全系数
0.20	294.56	14.00	1.624
0.25	38.39	6.26	1.626
0.30	12.85	2.76	1.625
0.35	8.96	1.57	1.625
0.40	8.71	1.28	1.626
0.45	8.68	1.20	1.627

由表2-2可以看出，对于不同的泊松比μ，围岩塑性区面积、塑性区最大深度、稳定安全系数均不同。当μ的取值较大时，塑性区主要分布在隧洞的周围并与隧洞的形状类似，塑性区的面积较小，塑性区扩展深度较小。当泊松比取0.20时，围岩塑性区面积与最大深度分别为泊松比取0.45时的33.9倍与11.6倍。由此可见，泊松比取值对隧洞围岩塑性区范围影响很大。同时可以看出，安全系数值受泊松比的影响很小，甚至基本不受影响。因此，本书中泊松比可参考现有文献给出。

2.2　基　本　原　理

根据文献[2]，当原状黄土的起始含水量少于缩限时，动强度由抗拉强度控制，当原状黄土的起始含水量多于缩限小于液限时，动强度由抗剪强度控制。考虑到起始含水量多于缩限时最为不利，故采用库仑理论进行抗剪强度计算，即$\tau = c + \sigma \tan\varphi$（$\tau$为任一斜面上的剪应力；$\sigma$为任一斜面上的正应力；$c$为黏聚力；$\varphi$为内摩擦角）。

抗剪强度折减系数的概念是Zienkiewicz等[3]于1975年首次在土工弹塑性有限元分析中提出的。所谓抗剪强度折减法[4,5]，就是保持土体的重力加速度为常数，将黄土围岩土体的抗剪强度指标c和$\tan\varphi$分别除以折减系数η，然后进行有限元分析，反复计算直至达到临界破坏状态为止，程序自动根据弹塑性有限元计算结果得到破坏面，此时围岩土体的折减系数即为安全系数。即令

$$c' = \frac{c}{\eta}, \quad \varphi' = \arctan\left(\frac{\tan\varphi}{\eta}\right) \tag{2-1}$$

则有

$$\tau = \frac{c}{\eta} + \sigma \frac{\tan\varphi}{\eta} = c' + \sigma \tan\varphi' \tag{2-2}$$

对于临界破坏状态的判断，根据现有文献[6-8]，主要有以下四类破坏准则。

（1）计算不收敛准则。该准则的学术思想是以数值本身的计算过程是否收敛作为标准，在指定的收敛准则下，如果计算收敛则结构处于稳定状态；如果计算不收敛（即表示应力分布不能满足土体的破坏准则和总体平衡要求），则表示结构破坏，此时的折减系数即为安全系数。

（2）特征点位移准则。特征点位移准则是利用有限元求解得到的结点位移来确定安全系数的图解法，该准则是 Tan 和 Donald 于 1985 年提出的[9]。该准则认为当结构达到临界破坏状态时，某些点的位移趋于流动状态，当强度折减到某一数值时特征点的位移会发生突变。

（3）围岩塑性区准则。假定围岩土体为理想弹塑性材料，当强度被折减到某一数值时，围岩结构便会发生塑性破坏。在隧道工程中，通常认为围岩结构的大部分塑性区超过锚杆长度，塑性区全部贯通作为破坏标准。

（4）衬砌塑性区和锚杆屈服准则。在隧道工程中，支护结构的安全性也是隧道结构的一个破坏标准。当强度被折减到某一数值时，喷射混凝土塑性区贯通、大量锚杆屈服、支护结构被破坏，此时可以认定隧道结构已丧失整体稳定性。

根据目前的研究成果，围岩塑性区准则、衬砌塑性区和锚杆屈服准则所得结果较计算不收敛准则和特征点位移准则所得结果偏小，塑性区贯通是隧道结构失稳的必要条件而非充分条件，计算不收敛可能先于特征点位移突变的发生，且此时特征点位移突变不明显，因此本书以计算不收敛准则作为判别依据。

2.3　屈服条件和破坏准则

在有限元强度折减法中，岩土材料的本构模型采用理想弹塑性模型，因此选用合理岩土屈服准则十分重要，所求安全系数大小与采用的岩土屈服准则密切相关。前文指出，对于黄土隧道工程，采用平面应变关联法则下莫尔-库仑（Mohr-Coulomb）准则较为适合。由文献[10]得

$$\tau = c + \sigma \tan\varphi \tag{2-3}$$

其中

$$\sigma = \frac{1}{2}(\sigma_x + \sigma_y) - R^{MC}\sin\varphi = \frac{1}{2}(\sigma_1 + \sigma_3) - R^{MC}\sin\varphi$$

$$R^{MC} = c\cos\varphi + \rho\sin\varphi = \sqrt{\frac{\sigma_x - \sigma_y}{4} + \tau_{xy}^2} = \frac{1}{2}(\sigma_1 - \sigma_3)$$

$$\rho = \frac{\sigma_x + \sigma_y}{2}$$

式中，σ_x 为 x 方向的正应力；σ_y 为 y 方向的正应力；σ_1 为第一主应力；σ_3 为第三主应力；τ_{xy} 为剪应力。

由于 $\tau = R^{MC}\cos\varphi$，则有

$$\sigma_1(1+\sin\varphi) - \sigma_3(1-\sin\varphi) = 2c\cos\varphi$$

若将主应力换成应力张量的第一不变量 I_1 和应力偏张量的第二不变量 J_1 及罗德角 $\theta_\sigma^{[11]}$，则

$$F = \frac{1}{3}I_1\sin\varphi + \left(\cos\theta_\sigma - \frac{1}{\sqrt{3}}\sin\theta_\sigma\sin\varphi\right)\sqrt{J_2} - c\cos\varphi = 0 \qquad (2\text{-}4)$$

其中

$$I_1 = \sigma_1 + \sigma_2 + \sigma_3$$

$$J_1 = \frac{1}{6}\left[(\sigma_1 - \sigma_2)^2 + (\sigma_1 - \sigma_3)^2 + (\sigma_2 - \sigma_3)^2\right]$$

$$\theta_\sigma = \arctan\frac{1}{\sqrt{3}}\left(\frac{2\sigma_2 - \sigma_1 - \sigma_3}{\sigma_1 - \sigma_3}\right), \quad \theta_\sigma \in \left[-\frac{\pi}{6}, \frac{\pi}{6}\right]$$

将式（2-4）对 θ_σ 微分，并使之等于 0，这时 F 取极小值，则

$$\tan\theta_\sigma = -\frac{\sin\varphi}{\sqrt{3}} \qquad (2\text{-}5)$$

将式（2-4）写成广义米赛斯准则，有

$$F = \alpha I_1 + \sqrt{J_2} = \kappa \qquad (2\text{-}6)$$

考虑式（2-5），通过对式（2-4）和式（2-6）比较，得

$$\alpha = \frac{\sin\varphi}{\sqrt{3}(3+\sin\varphi)} \quad , \quad \kappa = \frac{3c\cos\varphi}{\sqrt{3}(3+\sin\varphi)} \qquad (2\text{-}7)$$

式（2-7）是 1952 年由 Drucker-Prager 导出，也称为平面应变关联流动法则下莫尔-库仑匹配准则。

参 考 文 献

[1] 郑颖人, 邱陈瑜, 张红, 等. 关于土体隧洞围岩稳定性分析方法的探索[J]. 岩石力学与工程学报, 2008, 27(10): 254-260.

[2] 周健, 白冰, 徐建平. 土动力学理论与计算[M]. 北京: 中国建筑工业出版社, 2001.

[3] ZIENKIEWICZ O C, HUMPHESON C, LEWIS R W. Associated and non-associated visco-plasticity and plasticity in soil mechanics[J]. Geotechnique, 1975, 25(4): 671-689.

[4] 郑颖人, 赵尚毅, 邓楚键, 等. 有限元极限分析法发展及其在岩土工程中的应用[J]. 中国工程科学, 2006, 8(12): 39-61.

[5] 郑颖人, 赵尚毅, 张鲁渝. 用有限元强度折减法进行边坡稳定分析[J]. 中国工程科学, 2002, 4(10): 57-62.

[6] 栾茂田, 武亚军, 年廷凯. 强度折减有限法中边坡失稳的塑性区判断及其应用[J]. 防灾减灾工程学报, 2003, 23(3): 1-8.

[7] 赵尚毅, 郑颖人. 有限元强度折减法在土坡和岩坡中的应用[J]. 岩石力学与工程学报, 2004, 23(19): 3381-3388.

[8] 章杨松, 李晓绍. 喷锚初期支护——围岩稳定性强度折减有限元分析[J]. 科学技术与工程, 2008, 8(24): 6513- 6519.

[9] 陈祖煜. 土质边坡稳定性分析——原理·方法·程序[M]. 北京: 中国水利水电出版社, 2003.

[10] 郑颖人, 陈祖煜, 王恭先, 等. 边坡与滑坡工程治理[M]. 北京: 人民交通出版社, 2007: 197-202.

[11] 王仁, 黄文彬, 黄筑平. 塑性力学引论[M]. 北京: 北京大学出版社, 2003.

第3章 隧道结构地震动稳定性分析的动力有限元静力强度折减法

关于地震动稳定性的分析方法，目前所采用的基本上还是静力法，即加速度法或惯性力法，荷载一般取峰值加速度的 1/3～1/2，或者直接根据设防烈度给定地震作用取值，从而将地震反应的动力学问题比拟成围岩结构在无限远处边界上承受一定荷载的弹性力学边值问题，或在动力分析时直接取地震反映峰值加速度的常体力弹性力学边值，利用静力稳定性分析的方法，通过不断降低围岩土体的强度参数，直到发生失稳破坏，得到拟静力强度折减法分析的围岩稳定安全系数。该法的优点是应用方便，但无法准确地对地震荷载取值，所取荷载是地震反映某一时刻的固定值（荷载是静态的），某一时刻的边界荷载或峰值加速度时围岩结构的动力响应未必最大，故无法考虑隧道围岩结构的动力放大效应，不能真正反映隧道围岩的动力特性，因此稳定性评价的准确性不会很高，更不能准确地得到隧道围岩结构的动力破裂面。为了较好地反映地震作用下黄土隧道的安全储备情况，本章借助有限元软件和强度折减法将时程分析法应用于隧道结构的地震动稳定性分析，获得隧道结构的动力安全系数，实现动力有限元静力强度折减法。

3.1 分 析 模 型

3.1.1 动力分析模型

根据文献[1]，从黄土隧道围岩结构半无限空间体中切取厚度为 1（沿黄土隧道纵向）的隔离体（图 3-1），图中 H_d 为覆土厚度，H 为隧道的高度，l 为隧道的跨度。计算范围底部取 5 倍洞室高度，左右两侧各取 5 倍洞室跨度（实际上土体是向下和两侧无限延伸的，地震波不会因遇到人为边界截断而产生反射，为消除这一影响，一般取 10 倍以外较好。考虑到将动力时程分析有限元静力强度折减法首次应用于地下工程安全系数计算、结构偏于安全和计算机的速度等，故仍按 5 倍截取），向上取到地表。边界条件下部为固定铰约束，上部为自由边界，左右两侧边界为竖向约束。由于隧道纵向长度远大于其断面尺寸，故按平面应变问题来考虑。考虑到将时程分析法首次应用于地下工程安全系数计算、结构偏于安全和计算机的计算速度等，本书将采用简单的人工边界条件。

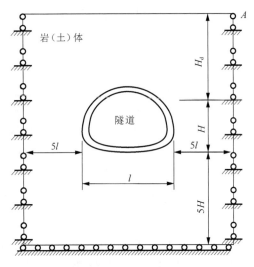

图 3-1　动力分析模型

3.1.2　静力分析模型

将图 3-1 左右两侧边界的竖向约束改为水平约束，静力分析模型如图 3-2 所示。

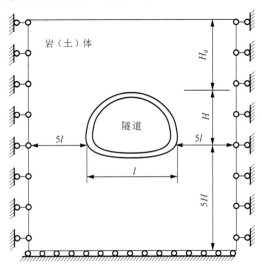

图 3-2　静力分析模型

3.2　动力有限元静力强度折减法

3.2.1　模态分析

为了得到地震作用下有限元矩阵微分方程的阻尼矩阵，对黄土隧道围岩结构的隔离体进行模态分析。模态分析模型如图 3-1 所示。

由于 Rayleigh 阻尼简单方便，故在分析中采用 Rayleigh 阻尼。该阻尼假设隔离体的阻尼矩阵 C 是质量矩阵 M 和刚度矩阵 K 的组合[2]，即

$$C = \alpha M + \beta K$$

式中，α 为质量阻尼系数；β 为刚度阻尼系数。

α 和 β 分别为

$$\alpha = \frac{2\omega_i \omega_j}{\omega_i + \omega_j}\zeta, \quad \beta = \frac{2}{\omega_i + \omega_j}\zeta \qquad (3\text{-}1)$$

式中，ζ 为第 i 振型或第 j 振型对应的阻尼比（近似取 $\zeta_i = \zeta_j$，可根据实验数据获得）；ω_i 和 ω_j 为两个不同的自振圆频率。

3.2.2　边界顶点水平位移时间历程曲线

由于工程结构中较低振动频率相应的振型对体系动力响应的贡献远大于较高自振频率相应振型的贡献，故考虑第一振型，即考虑图 3-1 顶点 A 位移最大时的情况。为了得到地震作用下黄土隧道围岩结构隔离体（分析模型同图 3-1）顶点 A 的最大位移，设地震波持续时间为 T_d，通过对隔离体进行时程分析得到位移–时间历程曲线。

地震作用下隔离体的矩阵微分方程[2,3]为

$$M\ddot{u}(t) + C\dot{u}(t) + Ku(t) = -M\ddot{u}_g(t) \quad t \in [0, T_d] \qquad (3\text{-}2)$$

式中，$\ddot{u}(t)$、$\dot{u}(t)$ 和 $u(t)$ 分别为隔离体的节点加速度向量、速度向量和位移向量；M、C 和 K 分别为隔离体的质量矩阵、阻尼矩阵和刚度矩阵；$\ddot{u}_g(t)$ 为输入的地震加速度时程。

式（3-2）求解采用 Newmark 积分法，即假设

$$u_{t+\Delta t} = u_t + \Delta t \dot{u}_t + \left(\frac{1}{2} - \delta\right)\Delta t^2 \ddot{u}_t + \delta \Delta t^2 \ddot{u}_{t+\Delta t} \qquad (3\text{-}3)$$

$$\dot{u}_{t+\Delta t} = \dot{u}_t + (1-\gamma)\Delta t \ddot{u}_t + \gamma \Delta t \ddot{u}_{t+\Delta t} \qquad (3\text{-}4)$$

式中，γ 和 δ 均为常数。

则在 $t + \Delta t$ 时刻的运动微分方程为

$$M\ddot{u}_{t+\Delta t} + C\dot{u}_{t+\Delta t} + Ku_{t+\Delta t} = -M\ddot{u}_{g(t+\Delta t)} \qquad (3\text{-}5)$$

取 $\gamma = \dfrac{1}{2}$、$\delta = \dfrac{1}{4}$、$\Delta t \leqslant \dfrac{T_{\max}}{100}$（$T_{\max}$ 为隔体的最大自振周期），则 Newmark 法无条件稳定，且能使结果达到满意的精度。

将式（3-3）和式（3-4）代入式（3-5），得

$$\left(M + \frac{\Delta t}{2} C \right) \ddot{u}_{t+\Delta t} + C \left(\dot{u}_t + \frac{\Delta t}{2} \ddot{u}_t \right) + K u_{t+\Delta t} = -M \ddot{u}_{g(t+\Delta t)} \tag{3-6}$$

由式（3-4）可知

$$\ddot{u}_{t+\Delta t} = \frac{4}{\Delta t^2} (u_{t+\Delta t} - u_t) - \frac{4}{\Delta t} \dot{u}_t - \ddot{u}_t \tag{3-7}$$

将式（3-7）代入式（3-6），得

$$\left(K + \frac{\Delta t}{2} C + \frac{4}{\Delta t^2} M \right) u_{t+\Delta t} = C \left(\frac{2}{\Delta t} u_t + \dot{u}_t \right) + M \left(\frac{4}{\Delta t^2} u_t + \frac{4}{\Delta t} \dot{u}_t + \ddot{u}_t \right) - M \ddot{u}_{g(t+\Delta t)} \tag{3-8}$$

由式（3-8）求得 $u_{t+\Delta t}$ 后，再由式（3-7）和式（3-4）求得 $\ddot{u}_{t+\Delta t}$ 和 $\dot{u}_{t+\Delta t}$。

通过以上求解，可得到顶点 A 最大水平位移时的时刻 T'。因为对几何不变体系而言，不论正问题还是反问题解答均具有唯一性，故此时黄土隧道围岩结构隔离体的地震作用最大。

3.2.3　竖向边界各节点的水平位移

为了考虑地震作用对黄土隧道结构隔离体安全系数的影响，设 $t \in [0, T']$，重复式（3-2）～式（3-7），可得到 T' 时刻竖向边界上各节点的水平位移。模态分析模型如图 3-1 所示，获得模型的前六阶频率，进而得到 Rayleigh 阻尼矩阵的质量矩阵及刚度矩阵系数。

3.2.4　动力稳定分析

如图 3-2 所示，采用平面应变关联法则下莫尔-库仑匹配准则和强度折减法，输入动力分析以后得到的 T' 时刻两侧竖向边界各节点的水平位移值和重力加速度进行静力分析。通过不断折减围岩土体的抗剪强度参数——黏聚力 c 和内摩擦角 φ，直到计算不收敛为止，从而得到黄土隧道在地震作用下的安全系数。

（1）分析模型及计算参数。为简单起见，取无衬砌黄土隧道为研究对象，设隧道的跨度为 l=6m，H_d=8m，设防烈度为 8 度（加速度时程曲线最大值[4]为 70cm/s²）。有限元分析模型及边界节点编号如图 3-3 所示。

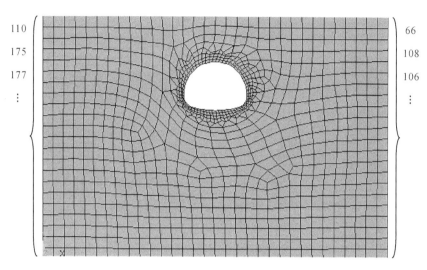

图 3-3 边界节点编号示意图

为便于分析，视黄土为弹塑性材料，围岩材料参数如表 3-1 所示。

表 3-1 黄土围岩材料参数

弹性模量 E/MPa	泊松比 μ	天然重度 γ/（kN/m³）	黏聚力 c/kPa	内摩擦角 φ/（°）	阻尼比 ζ[5]
51.5	0.25	15.65	61.2	28.98	0.15

（2）模态分析。为了确定该模型在地震分析中的 α 和 β，首先，用 Block Lanczos 法对其进行模态分析，得到黄土隧道围岩结构的前六阶频率（表 3-2）；其次，由频率 ω_i、ω_j 和阻尼比 ζ 确定 Rayleigh 阻尼的常数 α 和 β 值。

表 3-2 黄土隧道围岩结构前六阶的频率 （单位：Hz）

第一频率	第二频率	第三频率	第四频率	第五频率	第六频率
0.6535	1.1988	1.4313	1.5477	1.8718	2.3283

考虑到由自由振动确定的 ζ 与实测的 ξ 差异较大，故 ζ 由现有文献[5]给出，即取 ζ =0.15。另外，设 i=1，j=6，则根据式（3-1）可得 α =0.1531，β =0.1006。

（3）时程分析。为了简单起见，采用 El Centro 波（T_d=10s，峰值加速度为 200cm/s²），对无衬砌黄土隧道进行地震响应分析。将地震波从底部沿水平方向输入，只考虑隔离体的水平振动。考虑到记录的地震波幅值与进行地震动力反应分析所需的地震动幅值不一致，故在分析时根据设防烈度调整原记录的地震幅值，即乘以系数 70/200=0.35。

通过 ANSYS 的动力时程分析，顶点位移时间历程曲线如图 3-4 所示。可以看出，当 $t \in [1,2]$ s 时节点 66 的水平位移最大（表 3-3）。通过表 3-3 可以看出，$T' = 1.96$s 时的节点 66 的水平位移最大。故提取 1.96s 时的竖向边界水平位移（表 3-4）。为了考虑地震作用对黄土隧道围岩结构隔离体安全系数的影响，设 $t \in [0, T']$，可得到 T' 时刻竖向边界上各节点的水平位移。

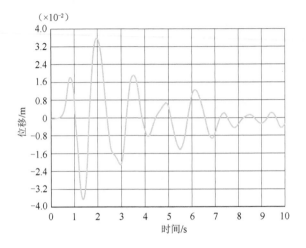

图 3-4　顶点 A（节点 66）位移时间历程曲线

表 3-3　$t \in [1,2]$ s 时顶点 A（节点 66）最大水平位移

时刻/s	位移/m	时刻/s	位移/m	时刻/s	位移/m	时刻/s	位移/m
1.0000	0.610194E-02	1.2600	-0.305557E-01	1.5200	-0.234036E-01	1.7800	0.249083E-01
1.0200	0.359090E-02	1.2800	-0.324263E-01	1.5400	-0.198784E-01	1.8000	0.274746E-01
1.0400	0.834611E-03	1.3000	-0.339778E-01	1.5600	-0.160788E-01	1.8200	0.297165E-01
1.0600	-0.207053E-02	1.3200	-0.351832E-01	1.5800	-0.120851E-01	1.8400	0.316013E-01
1.0800	-0.503280E-02	1.3400	-0.360178E-01	1.6000	-0.797733E-02	1.8600	0.331116E-01
1.1000	-0.807325E-02	1.3600	-0.364460E-01	1.6200	-0.382774E-02	1.8800	0.342587E-01
1.1200	-0.111984E-01	1.3800	-0.364322E-01	1.6400	0.302111E-03	1.9000	0.350772E-01
1.1400	-0.143471E-01	1.4000	-0.359546E-01	1.6600	0.435228E-02	1.9200	0.356145E-01
1.1600	-0.174573E-01	1.4200	-0.350045E-01	1.6800	0.827028E-02	1.9400	0.358999E-01
1.1800	-0.204726E-01	1.4400	-0.335824E-01	1.7000	0.120248E-01	1.9600	0.359461E-01
1.2000	-0.233342E-01	1.4600	-0.316960E-01	1.7200	0.155900E-01	1.9800	0.357693E-01
1.2200	-0.259872E-01	1.4800	-0.293565E-01	1.7400	0.189386E-01	2.0000	0.353901E-01
1.2400	-0.284005E-01	1.5000	-0.265813E-01	1.7600	0.220522E-01		

表 3-4　1.96s 时刻竖向边界水平位移

节点	位移/m	节点	位移/m	节点	位移/m	节点	位移/m
66	-0.36446E-01	88	-0.24023E-01	110	-0.36448E-01	195	-0.24029E-01
68	-0.22689E-02	90	-0.32126E-01	175	-0.36203E-01	197	-0.22109E-01
70	-0.45649E-02	92	-0.27576E-01	177	-0.35745E-01	199	-0.20107E-01
72	-0.68699E-02	94	-0.29187E-01	179	-0.35087E-01	201	-0.18031E-01
74	-0.91679E-02	96	-0.30672E-01	181	-0.34239E-01	203	-0.15890E-01
76	-0.11444E-01	98	-0.32017E-01	183	-0.33213E-01	205	-0.13693E-01
78	-0.13686E-01	100	-0.33210E-01	185	-0.32021E-01	207	-0.11451E-01
80	-0.15883E-01	102	-0.34236E-01	187	-0.30677E-01	209	-0.91736E-02
82	-0.18024E-01	104	-0.35084E-01	189	-0.29192E-01	211	-0.68749E-02
84	-0.20100E-01	106	-0.35743E-01	191	-0.27581E-01	213	-0.45688E-02
86	-0.22103E-01	108	-0.36201E-01	193	-0.25856E-01	215	-0.22713E-02

（4）安全系数。为了研究地震作用对无衬砌黄土隧道围岩结构的安全系数影响，根据图 3-2，输入重力加速度进行地震响应分析，把时程分析时得到的竖向边界水平位移按图 3-3 所示的节点编号输入，下边界为固定铰约束。

首先，通过不断降低土体的抗剪强度参数，得到无衬砌黄土隧道围岩结构在准静态情况下的安全系数为 1.7000［图 3-5（a）］。由图 3-5（a）可以看出，塑性区最先出现在拱肩部位；其次输入表 3-4 中 1.96s 时的竖向边界水平位移，同样通过不断降低土体的抗剪强度参数，得到无衬砌黄土隧道围岩结构在地震作用下的安全系数为 1.6519［图 3-5（b）］，塑性区最先出现在底脚。由此可知，地震作用不仅使得围岩结构的安全系数降低，而且塑性区由最先出现在拱肩部位变为底脚。

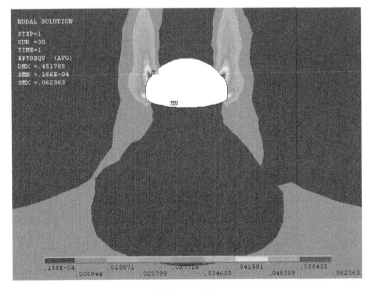

（a）$\eta = 1.7000$

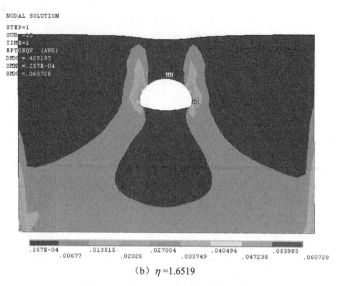

（b）$\eta = 1.6519$

图 3-5　临界应变云图和安全系数

3.3　小　　结

通过借助有限元软件 ANSYS，首先采用水平地震作用下的动力分析模型对结构进行模态分析，得到质量阻尼系数 α 和刚度阻尼系数 β；然后输入地震波进行动力时间位移历程分析，得到模型顶端边界节点的最大水平位移；最后采用静力分析模型，考虑重力和左右边界上顶端节点水平位移最大时两侧边界节点的水平位移，通过不断折减围岩土体的抗剪强度参数——黏聚力 c 和内摩擦角 φ，使黄土围岩结构达到极限破坏状态，即达到计算不收敛为止，从而得到无衬砌黄土隧道在地震作用下的安全系数。数值算例结果表明：

（1）地震作用会使围岩结构的安全系数降低。

（2）重力作用下隧道围岩结构的塑性区上移，地震作用下塑性区均最先出现在底脚，因此结构设计时应对拱肩和底脚均进行加强。

（3）所采用的方法是可行的，从而为以后黄土隧道围岩结构在地震作用下安全系数的计算及其工程应用提供了理论依据。

参 考 文 献

[1] 谷兆祺, 彭守拙, 李仲奎. 地下洞室工程[M]. 北京: 清华大学出版社, 1994.
[2] 陈立伟, 彭建兵, 范文. 地震作用下黄土暗穴的稳定性[J]. 长安大学学报(自然科学版), 2007, 27(6): 34-36.
[3] 彭建兵, 李庆春, 陈志新, 等. 黄土洞穴灾害[M]. 北京: 科学出版社, 2008.
[4] 建筑抗震设计规范(GB 50011—2010)[S]. 北京: 中国建筑工业出版社, 2010.
[5] 王峻, 王兰民, 李兰. 永登 5.8 级地震中黄土震陷灾害的探讨[J]. 地震研究, 2005, 28(4): 393-397.

第 4 章　隧道结构地震动稳定性分析的动力有限元强度折减法

　　第 3 章得到了动力有限元静力强度折减法，该法是先进行模态分析得到阻尼系数，再进行动力有限元分析得到第一振型时顶点最大水平位移时的时刻 T'。完成动力时程分析以后，导入左右两侧边界（拟静力分析模型），逐节点施加水平位移，然后不断降低围岩土体的强度参数，直到发生失稳破坏。该法的优点是荷载取值为动力计算的结果，能较好地反映隧道围岩结构的动力特性，一定程度上提高了稳定性评价的准确性。可以看出，不论拟静力强度折减法还是动力有限元静力强度折减法，其稳定性分析方法都是静力的，为此，有必要提出新的稳定性分析方法——动力有限元强度折减法。该法要求荷载是动力计算的结果，其稳定性分析方法也是动力的，故能够准确地评价隧道围岩结构的地震动稳定性，同时直接得到隧道围绕岩结构的地震动破裂面。

4.1　模态分析和边界条件

4.1.1　模态分析

　　同第 3 章，计算范围底部取 5 倍洞室高度，左右两侧各取 5 倍洞室跨度，向上取到地表。边界条件下部为固定铰约束，上部为自由边界，左右两侧边界为竖向约束。由于隧道纵向长度远大于其断面尺寸，故按平面应变问题来考虑。

　　为了得到地震作用下有限元矩阵微分方程的阻尼矩阵，首先应对隧道围岩结构的隔离体进行模态分析。如图 4-1 所示，令 H_d 为隧道的覆土厚度，H 为隧道的高度，l 为隧道的跨度。

4.1.2　边界条件

　　由于围岩结构在重力作用下不仅在边界上产生支座反力，而且在隔离

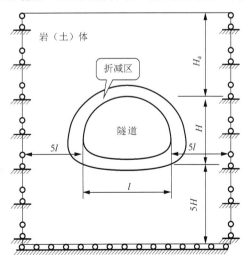

图 4-1　模态分析模型示意图

体内产生自重应力。因此，要实现动力有限元强度折减法，必须同时考虑地震作用、支座反力和隔离体自重应力的影响。由于动力平衡方程是根据隔离体的静平衡位置获得的，没有考虑围岩结构的自重影响，故在分析时应将结构自重转化为外部荷载。

（1）竖向边界上的水平支座反力。为了得到地震作用下隧道围岩结构隔离体动力分析模型各节点的边界支座反力，将图 4-1 左右两侧边界上的竖向约束改为水平向约束（图 4-2），通过静力有限元分析可获得左右两侧边界的水平向支座反力。

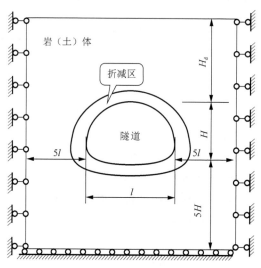

图 4-2　分析模型示意图

（2）自重应力等效边界条件（图 4-3）。按照弹性半空间模型，假设围岩结构是半无限空间线性变形体，则均质土中竖向自重应力 σ_{cz} 在任意水平面上的各点呈均匀分布，而与土体深度 z 成正比，即沿深度按直线分布，即

$$\sigma_{cz} = \rho g z \tag{4-1}$$

式中，ρ 为土体的天然密度；z 为土体深度。

设由温度产生的单元应力和应变分别为 σ_0、ε_0，E 为弹性模量，则由胡克定律得

$$\sigma_0 = E\varepsilon_0 \tag{4-2}$$

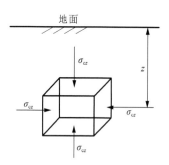

设单元在竖向与岩（土）体表面的温差为 ΔT，温度作用下产生的单元应变为

$$\varepsilon_0 = \alpha \Delta T z \tag{4-3}$$

式中，α 为材料线膨胀系数。

令 $\sigma_{cz} = \sigma_0$，由式（4-1）~式（4-3）可得

$$\Delta T = \frac{\rho g}{E\alpha} \tag{4-4}$$

图 4-3　单元自重应力示意图

设顶部边界的温度为 0，式（4-4）可获得竖向边界、底部边界上的温度值。把由式（4-4）获得

的温差代入式（4-2）时，E 和 α 均消去，为简单起见，可取 α 为 1。为了有利于温度应力的传递，将隧道视为过渡区，设其弹性模量和泊松比均为 10^{-5}，密度为 0。分析模型如图 4-4 所示。

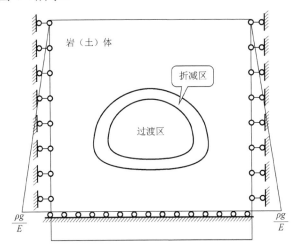

图 4-4　热分析模型示意图

4.2　动力有限元强度折减法

4.2.1　分析模型

如图 4-5 所示，先通过静力有限元分析获得左右两侧边界上任一节点上的水平向支座反力 F_{Rxi}^{L} 和 F_{Rxi}^{R}，并将其作为主动力施加在隔离体上，并导入热分析获得的隔离体各节点的温度。

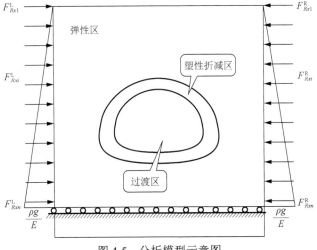

图 4-5　分析模型示意图

4.2.2 地震动稳定分析

地震作用下隔离体的矩阵微分方程[1-3]为

$$M\ddot{u}(t) + C\dot{u}(t) + Ku(t) = -M\ddot{u}_g(t) + P_{\varepsilon_0} + P_f \tag{4-5}$$

式中，$\ddot{u}(t)$、$\dot{u}(t)$ 和 $u(t)$ 分别为隔离体的节点加速度向量、速度向量和位移向量；$\ddot{u}_g(t)$ 为输入的地震加速度时程；P_f 为面荷载向量；P_{ε_0} 为温度应变引起的荷载向量。

$$P_{\varepsilon_0} = \sum_e \int_{\Omega_e} B^T D\varepsilon_0 \mathrm{d}\Omega$$

$$\varepsilon_0 = \alpha(\varphi - \varphi_0)(1 \quad 1 \quad 0)^T$$

式中，D 为弹性矩阵；B 为应变矩阵；φ 为温度场向量；φ_0 为初始温度场向量；Ω 为区域面积。

式（4-5）求解采用 Newmark 积分法，即假设

$$u_{t+\Delta t} = u_t + \Delta t\dot{u}_t + \left(\frac{1}{2} - \delta\right)\Delta t^2 \ddot{u}_t + \delta\Delta t^2 \ddot{u}_{t+\Delta t} \tag{4-6}$$

$$\dot{u}_{t+\Delta t} = \dot{u}_t + (1-\gamma)\Delta t\ddot{u}_t + \gamma\Delta t\ddot{u}_{t+\Delta t} \tag{4-7}$$

式中，γ 和 δ 均为常数。

在 $t + \Delta t$ 时刻的运动微分方程为

$$M\ddot{u}_{t+\Delta t} + C\dot{u}_{t+\Delta t} + Ku_{t+\Delta t} = -M\ddot{u}_{g(t+\Delta t)} + P_{\varepsilon_0} + P_f \tag{4-8}$$

取 $\gamma = \dfrac{1}{2}$、$\delta = \dfrac{1}{4}$、$\Delta t \leqslant T_{\max}/100$（$T_{\max}$ 为隔体的最大自振周期），则 Newmark 法无条件稳定，且能使结果达到满意的精度。

将式（4-6）、式（4-7）代入式（4-8），得

$$\left(M + \frac{\Delta t}{2}C\right)\ddot{u}_{t+\Delta t} + C\left(\dot{u}_t + \frac{\Delta t}{2}\ddot{u}_t\right) + Ku_{t+\Delta t} = -M\ddot{u}_{g(t+\Delta t)} + P_{\varepsilon_0} + P_f \tag{4-9}$$

由式（4-7）可知

$$\ddot{u}_{t+\Delta t} = \frac{4}{\Delta t^2}\left(u_{t+\Delta t} - u_t\right) - \frac{4}{\Delta t}\dot{u}_t - \ddot{u}_t \tag{4-10}$$

将式（4-10）代入式（4-9），得

$$\left(K + \frac{2}{\Delta t}C + \frac{4}{\Delta t^2}M\right)u_{t+\Delta t} = C\left(\frac{2}{\Delta t}u_t + \dot{u}_t\right)$$

$$+ M\left(\frac{4}{\Delta t^2}u_t + \frac{4}{\Delta t}\dot{u}_t + \ddot{u}_t\right) - M\ddot{u}_{g(t+\Delta t)} + P_{\varepsilon_0} + P_f \tag{4-11}$$

由式（4-11）求得 $u_{t+\Delta t}$ 后，再由式（4-9）、式（4-10）求得 $\ddot{u}_{t+\Delta t}$ 和 $\dot{u}_{t+\Delta t}$。

在竖向边界上输入水平向支座反力和边界温度值，并导入热分析获得的隔离体各节点的温度后进行动力分析，从而得到动力安全系数。

4.2.3 数值算例

为了说明本章方法的计算过程及可行性，以无衬砌黄土围岩结构的隧道为例，

计算其在地震作用下的安全系数。

1. 计算参数及边界条件

（1）计算参数。为了分析方便，取土体作为研究对象，围岩材料参数同第 3 章，并视其为弹塑性材料，设隧道跨度为 6m，覆土厚度为 8m，选取多遇地震情况下加速度时程曲线最大值为 70cm/s² 的 8 度设防区[4]进行围岩稳定性分析。

通过静力强度折减法和动力有限元静力强度折减法可知，隧道围岩结构的内部局部发生破坏，故为了实现动力有限元强度折减法，减少围岩材料强度折减致使地震响应和安全系数提高的影响，视最外层为弹性区，最内侧取 500mm（当然可以取其他厚度，但其值不能太大，也不能太小，以能反映塑性区的破坏特征为宜）的土体作为抗剪强度折减区，这两层设同样材料参数。单元和网格划分如图 4-6 所示。

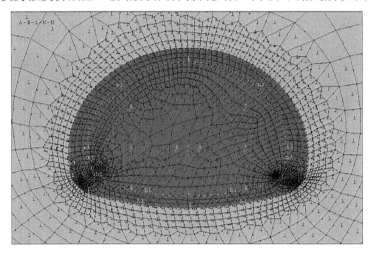

图 4-6　单元和网格划分

（2）边界条件。①竖向边界上水平支座反力边界条件。通过静力有限元分析，水平支座反力如表 4-1 所示，左右两侧边界上各节点的节点编号如图 4-7 所示。②等效自重边界条件。设热分析设参考温度为 0℃，由式（4-4）可得温差约为 0.0003℃，温度边界条件如图 4-8 所示。

表 4-1　竖向边界上各节点的水平支座反力

节点	反力/N	节点	反力/N	节点	反力/N	节点	反力/N	节点	反力/N	节点	反力/N
11	2467.2	161	-94995	177	-53995	263	8943.8	279	65798	295	107530
12	-2466.1	163	-89639	181	-40727	265	18363	281	70749	297	113920
149	-130370	165	-84552	183	-33241	267	28302	283	75547	299	120530
151	-125440	167	-79665	185	-25325	269	34317	285	80339	301	125440
153	-128960	169	-74880	187	-17163	271	41730	287	85249	303	130370
155	-120900	171	-70070	189	-8943.1	273	48580	289	90370		
157	-106660	173	-65085	191	-1591.1	275	54835	291	95768		
159	-100660	175	-59772	261	1593.0	277	60540	293	101480		

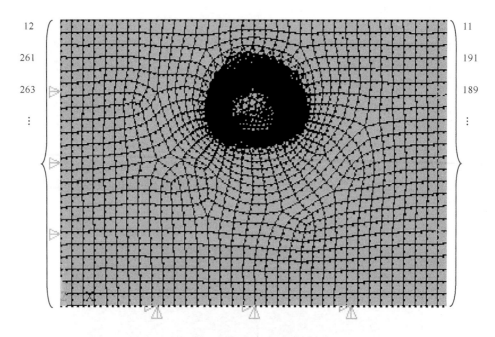

图 4-7　边界节点编号示意图

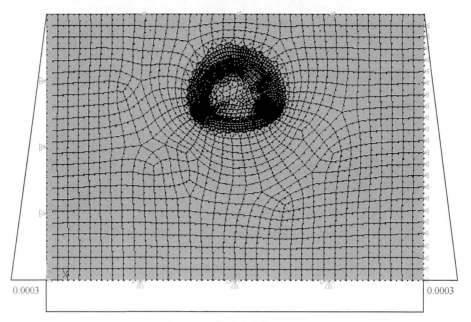

图 4-8　温度边界条件示意图

2. 模态分析和施加地震波

为了确定该模型在地震分析中的 α 和 β，首先，用 Block Lanczos 对其进行模态分析，得到隧道围岩结构的前 6 阶频率（表 4-2）；其次，由频率 ω_i、ω_j 和阻尼比 ζ 确定 Rayleigh 阻尼的常数 α 和 β 值，同第 3 章，可得 α =0.1528，β =0.1008。

表 4-2 隧道围岩结构前六阶的频率 （单位：Hz）

第一频率	第二频率	第三频率	第四频率	第五频率	第六频率
0.6524	1.1969	1.4290	1.5452	1.8688	2.3254

只考虑地震波对隔离体的水平振动，故将地震波沿水平方向从底部输入，然而记录到的地震波幅值与进行地震动力反应分析所需的地震动幅值很可能不一致，故应根据设防烈度对原记录的地震幅值进行调整。

3. 动力有限元强度折减法

如图 4-9 所示，将静力分析中得到的模型两侧支座反力施加于动力分析模型上，导入热分析结果文件进行动力有限元分析，通过不断折减土体抗剪强度折减区的强度参数得到隧道安全系数。

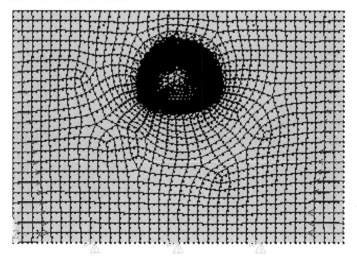

图 4-9 分析模型

4. 结果分析

通过不断降低隧道周边 500mm 土体的抗剪强度参数，得到隧道围岩结构的动力安全系数。静力强度折减法在临界状态下的安全系数 η 和应变云图如图 4-10 所示，拟静力强度折减法、动力有限元静力折减法和动力有限元强度折减法在临界状态下的安全系数 η 和应变云图如图 4-11 所示。

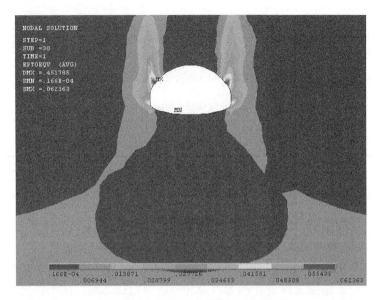

图 4-10　安全系数和临界应变云图（静力强度折减法，$\eta = 1.700$）

由图 4-10 和图 4-11 可知，除重力作用下隧道围岩结构的塑性区上移之外，其他分析方法的塑性区都出现在底脚。不同方法所得安全系数由大到小依次为：静力强度折减法>拟静力强度折减法>动力有限元静力强度折减法>动力有限元强度折减法。

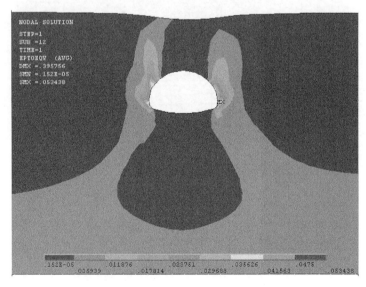

（a）拟静力强度折减法（加速度法），$\eta = 1.667$

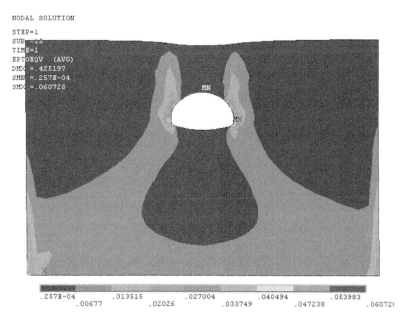

（b）动力有限元静力强度折减法，$\eta=1.6519$

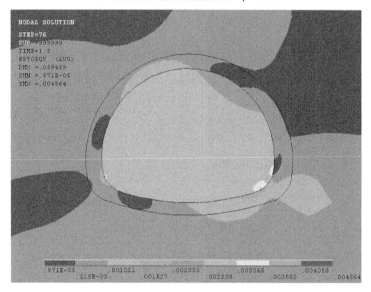

（c）动力有限元强度折减法，$\eta=1.510$

图 4-11　不同方法下安全系数和临界应变云图

对于本章提出的动力强度折减方法，安全系数与静力强度折减法所得安全系数差值为 12.58%（需说明的是，尽管其误差值较小，但通过计算分析，安全系数与隧道的跨度、断面形式等因素密切相关，小跨度的误差很大，因此不能以静力安全系数随意代替动力安全系数），与拟静力强度折减法（峰值加速度法）所得安全系数的误差为 10.40%，与动力有限元静力强度折减法所得安全系数的误差为9.39%。

4.3 小　　结

本章通过有限元软件 ANSYS，首先对水平地震作用下的模型进行模态分析，得到质量阻尼系数α和刚度阻尼系数β；然后由静力分析模型得到竖向边界上的水平向支座反力，将结构自重转化为温度边界条件，通过热分析得到模型各节点的温度；最后采用悬臂梁动力分析模型，导入热分析获得的模型各节点的温度，并在竖向边界上施加分析所得到的水平向支座反力，通过不断折减围岩土体的抗剪强度参数黏聚力c和内摩擦角φ，使围岩结构达到极限破坏状态，直到计算不收敛为止，从而得到隧道围岩结构的地震动安全系数。数值算例结果表明：

（1）地震作用会使得围岩结构的安全系数降低。

（2）除重力作用下隧道围岩结构的塑性区上移之外，地震作用下的塑性区首先出现在底脚。因此，结构设计时应对底脚处采取加强措施。

（3）将结构自重转化为温度的措施解决了以往动力分析不能考虑结构自重的难点。

（4）由于动力有限元强度折减法所考虑的荷载是动力计算的结果，其稳定性分析方法也是动力的，故所得安全系数最低，从而可准确地评价隧道围岩结构的地震动稳定性，同时直接得到隧道围绕岩结构的地震动破裂面。

参 考 文 献

[1] 陈立伟, 彭建兵, 范文. 地震作用下黄土暗穴的稳定性[J]. 长安大学学报(自然科学版), 2007, 27(6): 34-36.

[2] 彭建兵, 李庆春, 陈志新, 等. 黄土洞穴灾害[M]. 北京:科学出版社, 2008.

[3] 王勖成, 邵敏. 有限单元法基本原理和数值方法[M]. 2 版. 北京:清华大学出版社, 1997.

[4] 建筑抗震设计规范(GB 50011—2010)[S]. 北京:中国建筑工业出版社, 2010.

第 5 章　无衬砌黄土隧道的地震动稳定性分析

隧道洞身的断面形式一般包括圆形断面、矩形断面、直墙式断面（包括马蹄形隧道断面）、曲墙式断面[1,2]。由于施工方便及满足受力的要求，边墙外缘往往采用垂直直线形（即围岩的形状和直墙式隧道断面相同，故归结为直墙式断面）和曲墙式断面（包括蛋形隧道断面、落地拱式断面和椭圆形断面）。第 3 章和第 4 章分别介绍了隧道结构地震动稳定性分析的动力有限元静力强度折减法和动力有限元强度折减法，本章将利用这两种方法，对地震作用下的直墙式、曲墙式和圆形无衬砌黄土隧道的动力稳定性进行分析。

5.1　计算范围的确定

为了确定黄土隧道地震动稳定分析的计算范围，采用第 3 章的分析方法、计算参数和分析模型。通过对 5 倍、10 倍、15 倍和 20 倍的洞室跨度进行安全系数计算，确定出计算范围的最优取值[3]。不同计算范围的计算模型在临界状态下的安全系数 η 和应变云图如图 5-1 所示。

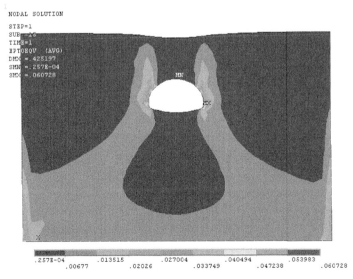

（a）5 倍洞室跨度，η =1.6519

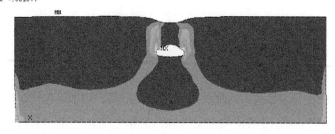

（b）10 倍洞室跨度，η=1.685

（c）15 倍洞室跨度，η=1.686

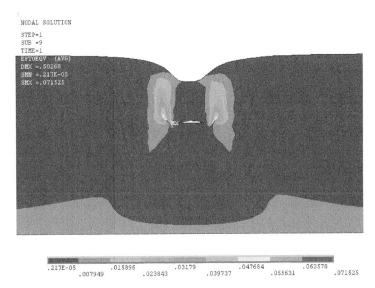

（d）20 倍洞室跨度，η =1.686

图 5-1　不同洞室跨度的安全系数和临界应变云图

　　由图 5-1 可以看出，15 倍和 20 倍的洞室跨度所得安全系数相同，5 倍和 10 倍的洞室跨度所得安全系数相差 2%，5 倍和 15 倍的洞室跨度所得安全系数相差 2.06%，均小于工程精度 5%，因此，5 倍的洞室跨度即能满足工程精度要求，而且大大节省了计算时间。

5.2　动力有限元静力强度折减法在无衬砌黄土隧道中的应用

5.2.1　无衬砌圆形黄土隧道的地震动稳定分析

　　1. 材料参数及分析模型

采用第 3 章的材料参数，静力分析模型和动力分析模型如图 5-2 和图 5-3 所示。

　　2. 结果分析

采用动力有限元静力强度折减法，同时为了使所得结论具有普遍性，采用 El Centro 波和 Northridge 波进行分析。

　　（1）重力作用下直径和覆土厚度对稳定性的影响。如图 5-3 所示，取洞室直径 d 分别为 10m、12m 和 14m，覆土厚度确定为 10m，利用有限元软件和强度折减法，得不同跨度的安全系数及临界状态下的应变云图（图 5-4）。

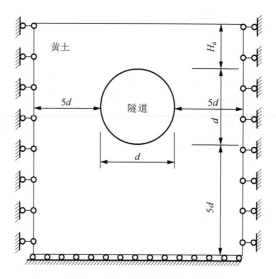

图 5-2　静力分析模型示意图

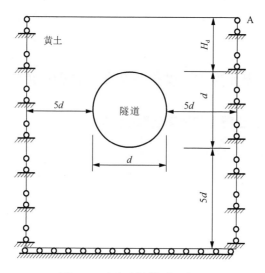

图 5-3　动力分析模型示意图

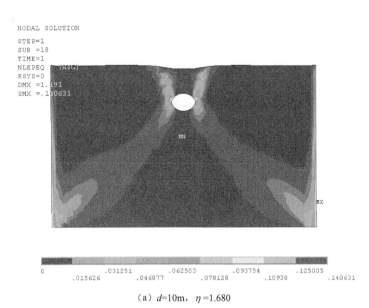

（a）d=10m，η=1.680

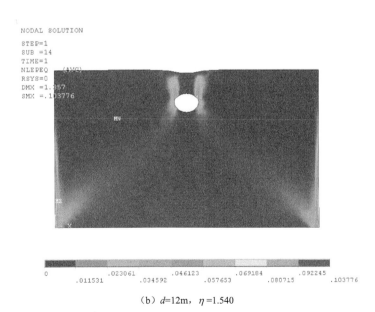

（b）d=12m，η=1.540

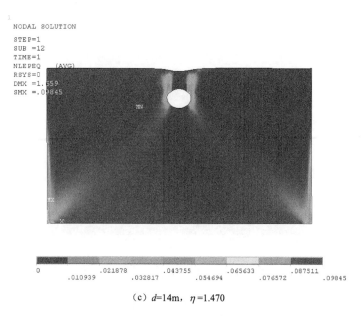

（c）d=14m，η=1.470

图 5-4　不同跨度的安全系数和临界应变云图

设黄土隧道覆土厚度 H_d 分别为 10m、20m 和 30m，直径为 10m，其余参数同前。不同覆土厚度的安全系数及临界应变云图如图 5-5 所示。

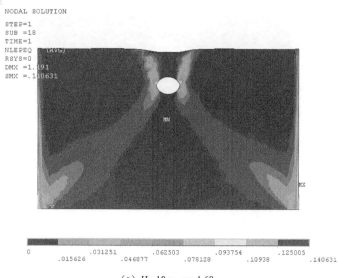

（a）H_d=10m，η=1.68

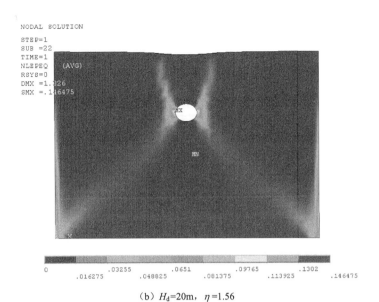

（b）H_d=20m，η=1.56

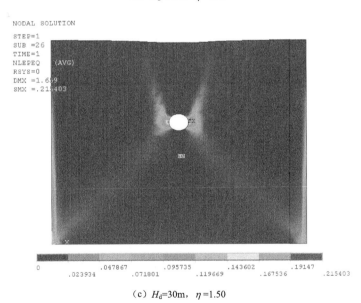

（c）H_d=30m，η=1.50

图 5-5　不同覆土厚度的安全系数和临界应变云图

　　由图 5-4 和图 5-5 可知，对于圆形无衬砌黄土隧道，当覆土厚度一定时，安全系数随直径的增大而减小，而当直径一定时，安全系数随覆土厚度的增大而减小；塑性区最先出现位置均在圆形隧道左右边缘两侧偏上，且从抗剪强度的角度来看，一般无衬砌圆形黄土隧道在重力作用下的安全系数均大于 1.15 而小于 2.0，均能够达到初期支护稳定性的要求。

（2）地震作用下直径和覆土厚度对稳定性的影响。首先考虑直径对稳定性的影响。设洞室直径 d 分别为 10m、12m 和 14m，覆土厚度确定为 10m。先对其进行模态分析（模型如图 5-3 所示），得出覆土厚度为 10m 时的前六阶频率（表 5-1），由频率和阻尼比 ζ 来确定该模型地震分析中 Rayleigh 阻尼常数的 α 和 β 值。

表 5-1　覆土厚度为 10m 时不同直径的频率

直径/m	频率/Hz					
	第一频率	第二频率	第三频率	第四频率	第五频率	第六频率
10	0.4120	0.7486	0.8963	1.0077	1.2035	1.4708
12	0.3520	0.6365	0.7495	0.8470	1.0291	1.2304
14	0.3072	0.5536	0.6440	0.7309	0.8992	1.0573

考虑到工程实用性，先对多遇地震设防烈度为 8 度区（加速度时程曲线最大值为 70cm/s² ）的黄土隧道进行围岩稳定性分析[4]。

动力分析时，首先根据动力分析模型（图 5-3）进行全过程的位移-时间动力时程分析，得到顶点 A 的位移时间历程曲线。通过对每一时刻顶点 A 的位移比较，得到顶节点 A 的最大水平位移时刻 T'；其次进行 $[0, T']$ 时间段的位移-时间动力时程分析，得到 T' 时刻的竖向边界节点的水平位移；最后根据静力分析模型（图 5-2），输入重力加速度和 T' 时刻的竖向边界节点水平位移，通过不断降低土体的抗剪强度参数，便得到无衬砌黄土隧道围岩结构在地震作用下的安全系数。不同直径在 El Centro 波作用下的安全系数及临界应变云图如图 5-6 所示，在 Northridge 波作用下的安全系数及临界应变云图如图 5-7 所示。不同地震波对安全系数的影响见表 5-2。

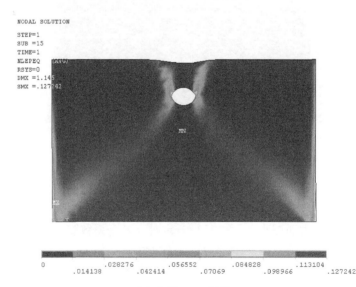

（a）d =10m，η =1.672

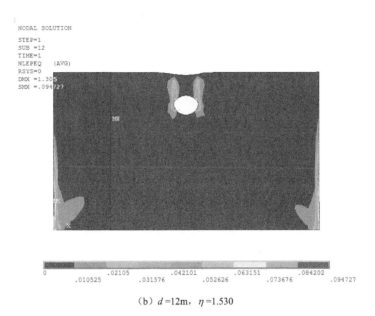

（b）d=12m，η=1.530

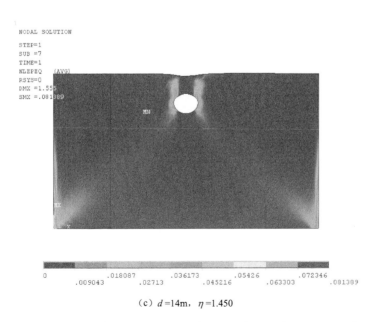

（c）d=14m，η=1.450

图 5-6　不同直径的安全系数及临界应变云图（多遇地震，El Centro 波）

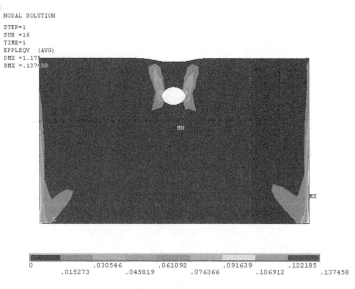

（a）$d=10$m，$\eta=1.679$

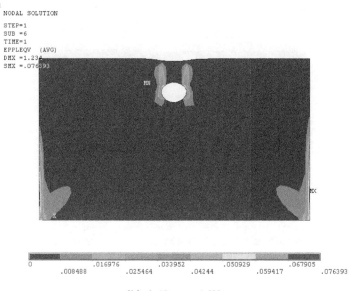

（b）$d=12$m，$\eta=1.520$

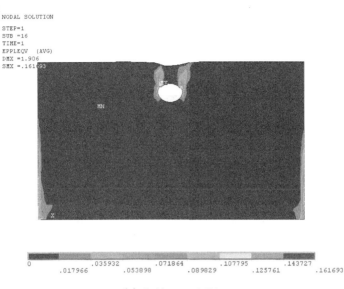

NODAL SOLUTION

STEP=1
SUB =16
TIME=1
EPPLEQV (AVG)
DMX =1.906
SMX =.161693

| 0 | .017966 | .035932 | .053898 | .071864 | .089829 | .107795 | .125761 | .143727 | .161693 |

（c）d=14m，η=1.500

图 5-7　不同直径的安全系数和应变云图（多遇地震，Northridge 波）

表 5-2　不同直径和不同地震波对安全系数的影响

覆土厚度/m	直径/m	安全系数		误差/%
		El Centro 波	Northridge 波	
10	10	1.672	1.679	0.41
10	12	1.530	1.520	−1.96
10	14	1.450	1.500	3.45

　　由表 5-2 可以看出，当覆土厚度为 10m，直径分别为 10m、12m 和 14m 时，数值模拟分析中采用 El Centro 波，其误差分别为 0.41%、−1.96% 和 3.45%。因此，为方便起见，对于地震作用下直径对黄土隧道稳定安全系数的数值模拟，可仅采用 El Centro 波进行分析。

　　其次考虑覆土厚度对稳定性的影响。设黄土隧道覆土厚度 H_d 分别为 10m、20m 和 30m，直径为 10m，分析步骤同上。前六阶频率见表 5-3。不同覆土厚度在地震作用下的安全系数及临界应变云图如图 5-8 和图 5-9 所示。不同地震波对安全系数的影响见表 5-4。

表 5-3　直径为 10m 时不同覆土厚度的频率

覆土厚度/m	频率/Hz					
	第一频率	第二频率	第三频率	第四频率	第五频率	第六频率
10	0.4120	0.7486	0.8963	1.0077	1.2035	1.4708
20	0.3588	0.6722	0.8817	0.9694	1.0544	1.4060
30	0.3178	0.6177	0.8713	0.9238	0.9753	1.3112

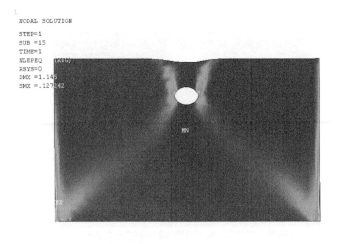

（a）H_d=10m，η=1.672

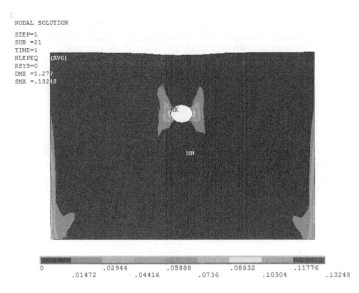

（b）H_d=20m，η=1.550

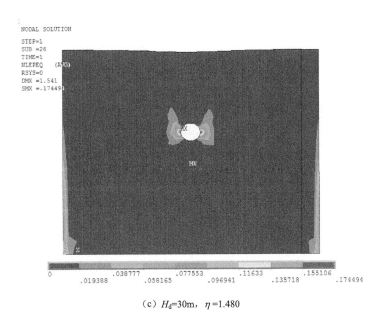

（c）H_d=30m，η=1.480

图 5-8　不同覆土厚度的安全系数和应变云图（多遇地震，El Centro 波）

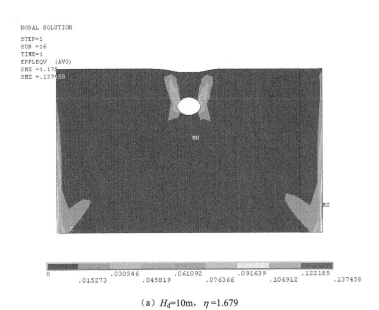

（a）H_d=10m，η=1.679

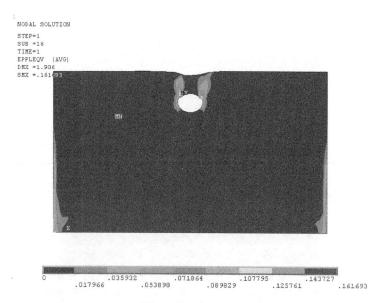

（b）H_d=20m，η=1.570

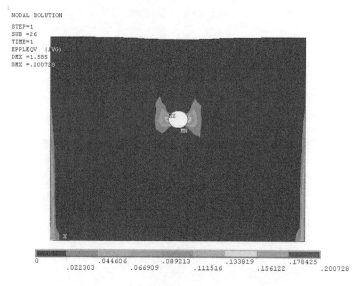

（c）H_d=30m，η=1.500

图 5-9　不同覆土厚度的安全系数和应变云图（多遇地震，Northridge 波）

由图 5-8 和图 5-9 可以看出，对于在 8 度地区多遇地震作用下的无衬砌圆形黄土隧道，当覆土厚度一定时，安全系数随直径的增加而降低；当直径一定时，安全系数随覆土厚度的增加而降低，但均大于 1.15 而小于 2.0，塑性区最先出现位置同样是在圆形两侧偏上处。

表 5-4　不同覆土厚度和不同地震波对安全系数的影响

直径/m	覆土厚度/m	安全系数		误差/%
		El Centro 波	Northridge 波	
10	10	1.672	1.679	0.41
10	20	1.550	1.570	1.29
10	30	1.480	1.500	1.35

由表 5-4 可以看出，当直径为 10m，覆土厚度分别为 10m、20m 和 30m 时，数值模拟分析中采用 El Centro 波，其误差分别为 0.41%、1.29% 和 1.35%。因此，为方便起见，对于地震作用下覆土厚度对黄土隧道稳定安全系数的数值模拟，可仅采用 El Centro 波进行分析。

（3）不同设防烈度对稳定性的影响。设黄土隧道的直径为 10m，覆土厚度为 10m，分别承受 8 度、8.5 度（加速度时程曲线最大值为 110cm/s^2）和 9 度（加速度时程曲线最大值为 140cm/s^2）地震作用，其余同前。不同设防烈度时的安全系数及临界应变云图如图 5-10、图 5-11 所示。多遇地震下不同设防烈不同地震波对安全系数的影响见表 5-5。

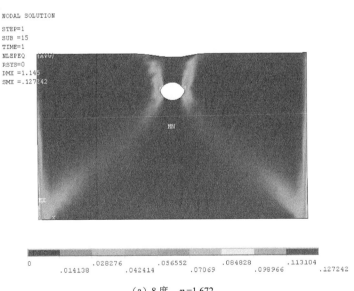

NODAL SOLUTION
STEP=1
SUB =15
TIME=1
NLEPEQ (AVG)
RSYS=0
DMX=1.145
SMX=.127242

| 0 | .028276 | .056552 | .084828 | .113104 |
| .014138 | .042414 | .07069 | .098966 | .127242 |

（a）8 度，$\eta=1.672$

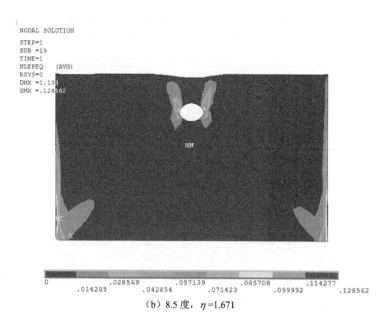

（b）8.5 度，η=1.671

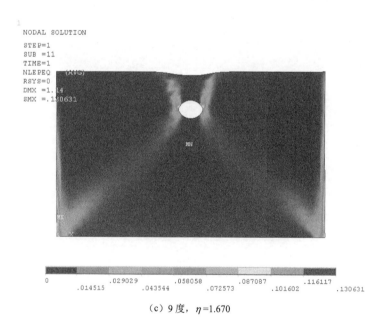

（c）9 度，η=1.670

图 5-10　不同设防烈度的安全系数和应变云图（多遇地震，El Centro 波）

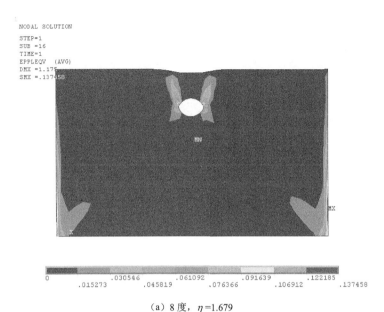

（a）8 度，$\eta=1.679$

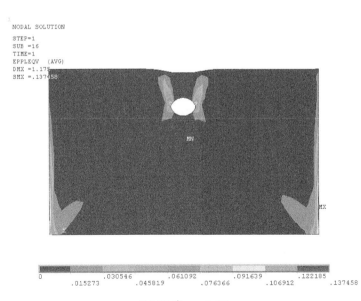

（b）8.5 度，$\eta=1.677$

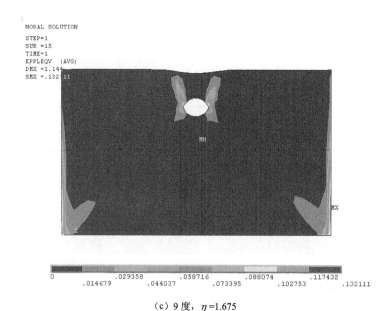

（c）9 度，η =1.675

图 5-11　不同设防烈度的安全系数和应变云图（多遇地震，Northridge 波）

表 5-5　多遇地震下不同设防烈度和不同地震波对安全系数的影响

直径/m	覆土厚度/m	设防烈度	安全系数		误差/%
			El Centro 波	Northridge 波	
10	10	8 度	1.672	1.679	0.41
10	10	8.5 度	1.671	1.677	0.36
10	10	9 度	1.670	1.675	0.30

由表 5-5 可以看出，当直径和覆土厚度均为 10m，设防烈度分别为 8 度、8.5 度和 9 度时，数值模拟分析中采用 El Centro 波，其误差分别为 0.41%、0.36% 和 0.30%。因此，为方便起见，对于多遇地震下不同设防烈度对黄土隧道稳定安全系数的数值模拟，可仅采用 El Centro 波进行分析。

由图 5-10、图 5-11 可知，对于多遇地震作用下无衬砌圆形黄土隧道，塑性区最先出现在圆形左右两侧偏上，当直径和覆土厚度一定时，安全系数随着设防烈度的增加而降低，但均大于 1.15 而小于 2.0。

为了确保结构的可靠，分别考虑 7 度罕遇（加速度最大值为 220cm/s^2）、7.5 度罕遇（加速度最大值为 310cm/s^2）、8 度罕遇（加速度最大值为 400cm/s^2）、8.5 度罕遇（加速度最大值为 510cm/s^2）以及 9 度罕遇（加速度最大值为 620cm/s^2）时的安全系数，不同设防烈度的安全系数及临界应变云图如图 5-12、图 5-13 所示。罕遇地震下不同设防烈不同地震波对安全系数的影响见表 5-6。

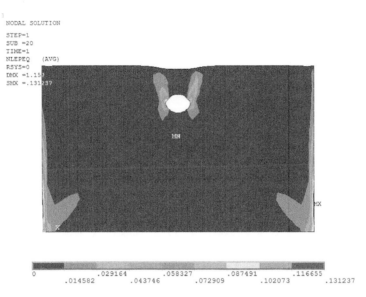

（a）7 度罕遇，η=1.675

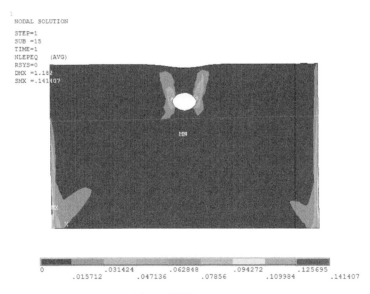

（b）7.5 度罕遇，η=1.674

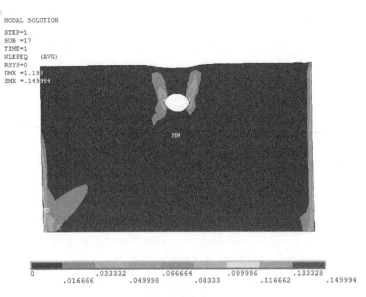

（c）8 度罕遇，η=1.670

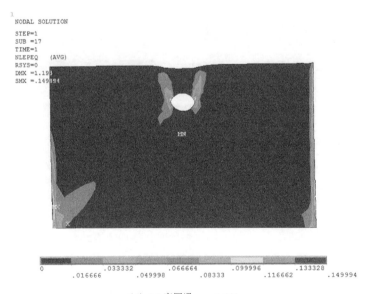

（d）8.5 度罕遇，η=1.666

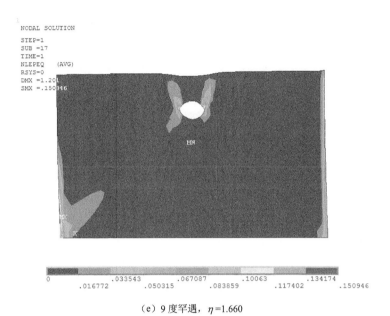

（e）9 度罕遇，η=1.660

图 5-12　不同设防烈度的安全系数和应变云图（罕遇地震，El Centro 波）

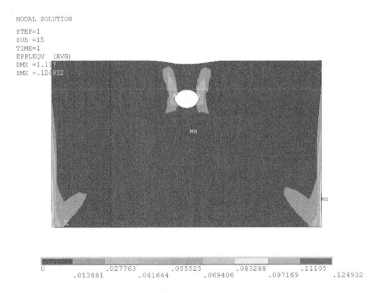

（a）7 度罕遇，η=1.678

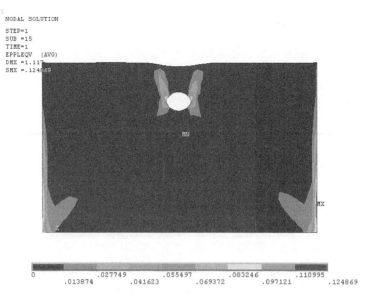

（b）7.5 度罕遇，$\eta=1.675$

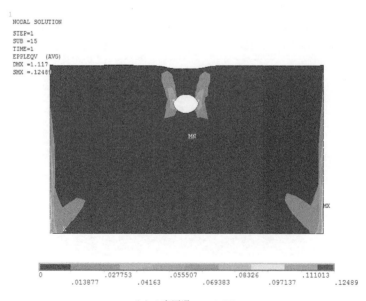

（c）8 度罕遇，$\eta=1.673$

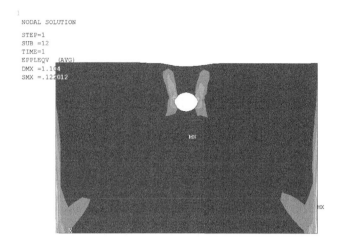

（d）8.5 度罕遇，η=1.671

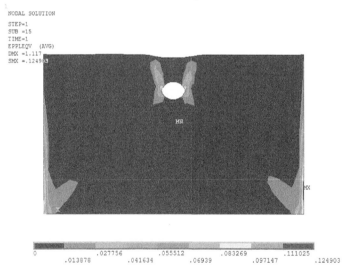

（e）9 度罕遇，η=1.670

图 5-13　不同设防烈度的安全系数和应变云图（罕遇地震，Northridge 波）

表 5-6　罕遇地震下不同设防烈度不同地震波对安全系数的影响

直径/m	覆土厚度/m	设防烈度	安全系数		误差/%
			El Centro 波	Northridge 波	
10	10	7 度	1.675	1.678	0.18
10	10	7.5 度	1.674	1.675	0.06
10	10	8 度	1.670	1.673	0.18
10	10	8.5 度	1.666	1.671	0.30
10	10	9 度	1.660	1.670	0.24

由表 5-6 可以看出，当直径和覆土厚度均为 10m，设防烈度分别为 7 度罕遇、7.5 度罕遇、8 度罕遇、8.5 度罕遇和 9 度罕遇时，数值模拟分析中采用 El Centro 波，其误差分别为 0.18%、0.06%、0.18%、0.30%和 0.24%。因此，为方便起见，对于罕遇地震下不同设防烈度对黄土隧道稳定安全系数的数值模拟，可仅采用 El Centro 波进行分析。

由图 5-12、图 5-13 可以看出，在罕遇地震作用下抗剪强度安全系数随着设防烈度的增加而降低，但都能达到初期支护稳定性的要求。

综上所述，对于无衬砌圆形黄土隧道的地震动稳定分析，分别采用 El Centro 波和 Northridge 波进行数值模拟，数值算例结果表明：

（1）塑性区最先出现在左右两侧偏上部位，故在考虑地震作用时该处应采取构造加强措施。

（2）在重力作用下，直径越大，覆土厚度越大，抗剪强度安全系数越小。

（3）采用 El Centro 波和 Northridge 波计算所得的动力安全系数相差不大，故以后分析时可仅采用 El Centro 波。

（4）对于圆形无衬砌黄土隧道，抗剪强度安全系数随着直径、覆土厚度和烈度的增加而减少。

（5）所得安全系数均大于 1.15 而小于 2.0，即一般无衬砌圆形黄土隧道都不能满足使用阶段的要求但能满足初次衬砌的要求。

5.2.2 无衬砌直墙式黄土隧道的地震动稳定分析

虽然圆拱直墙式隧道的断面在围岩压力作用下，衬砌内压力曲线与衬砌的轴线有较大的偏离，在岩石比较破碎、山岩压力较大的情况下，需要较厚的衬砌才能维持平衡，但由于这种形式的隧道施工放样、开挖和砌筑比较方便，故在工程实施中仍被广泛采用，尤其是在输水隧道中。

1. 材料参数及分析模型

材料参数同前，动力分析模型和静力分析模型如图 5-14 和图 5-15 所示。

2. 结果分析

计算方法同前，采用 El Centro 波进行水平地震响应分析。

1）重力作用下的稳定性分析

（1）跨度对围岩稳定性的影响。如图 5-15，取覆土厚度 H_d 为 4m，隧道侧墙高 H 为 4m，跨度 l 分别为 3m、4m 和 5m，拱高为 $h=l/3$。利用有限元软件——ANSYS 和强度折减法进行分析，不同跨度的安全系数及临界状态下的应变云图如图 5-16 所示。

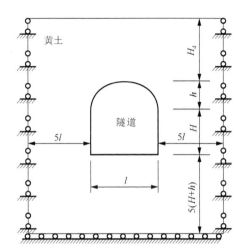

图 5-14　动力分析模型　　　　　　　　图 5-15　静力分析模型

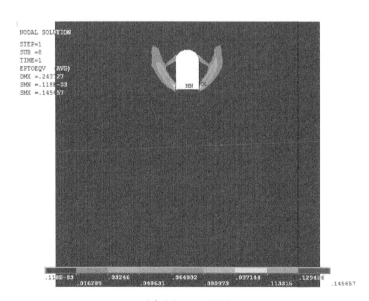

（a）l=3m，η=3.020

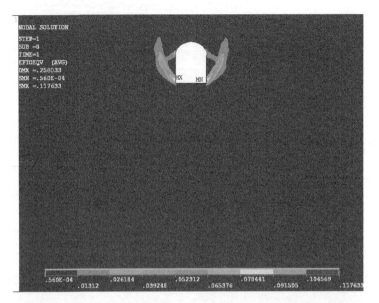

（b）l=4m，η=2.780

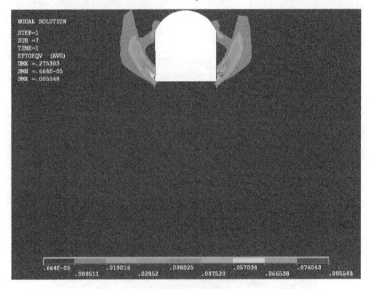

（c）l=5m，η=2.600

图 5-16　不同跨度的安全系数和临界应变云图

由图 5-16 可知，对于直墙式无衬砌黄土隧道，当覆土厚度一定时，跨度越大安全系数越小，塑性区最先出现在底脚。

（2）覆土厚度对围岩稳定性的影响。设黄土隧道跨度为 3m，覆土厚度 H_d 分别为 4m、5m 和 6m，其余同上。不同覆土厚度的安全系数及临界状态下的应变云图如图 5-17 所示。

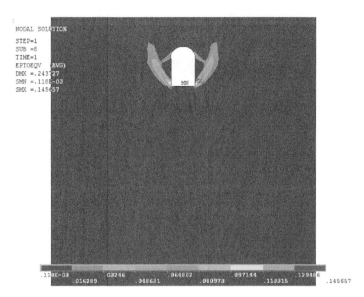

（a）H_d=4m，η=3.020

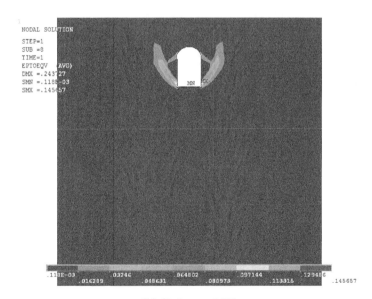

（b）H_d=5m，η=2.870

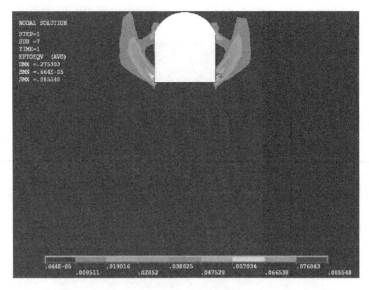

（c）H_d=6m，η=2.780

图 5-17　不同覆土厚度的安全系数和临界应变云图

由图 5-17 可知，对于无衬直墙式黄土无衬砌隧道，当跨度一定时，覆土厚度越大安全系数越小，塑性区同样最先出现在底脚。

综上所述，在重力作用下，一般小跨度无衬砌浅埋直墙式黄土隧道从抗剪强度的角度来看，均能达到稳定性的要求。

2）地震作用下的围岩稳定性分析

（1）跨度对围岩稳定性的影响。几何参数同重力作用下的稳定性分析，对图 5-14 进行模态分析，得出覆土厚度为 4m 时的前六阶频率（表 5-7），由频率和阻尼比 ζ 确定 Rayleigh 阻尼的常数 α 和 β 值。

表 5-7　覆土厚度为 4m 时不同跨度的频率

跨度/m	频率/Hz					
	第一频率	第二频率	第三频率	第四频率	第五频率	第六频率
3	0.8489	1.8569	2.4266	2.6174	3.0271	3.8140
4	0.8021	1.5668	2.0786	2.2387	2.4333	3.2439
5	0.7600	1.4063	1.7303	1.9366	2.2175	2.8800

考虑到设防烈度为 7 度（加速度时程曲线最大值为 35cm/s²）地区时地震响应较小，9 度（加速度时程曲线最大值为 140cm/s²）地区建设无衬砌隧道的可能性不大，故先对设防烈度为 8 度区的多遇地震情况下的黄土隧道进行围岩稳定性分析。动力分析模型如图 5-14，静力分析模型如图 5-15，通过不断降低土体的抗剪强度参数，得到无衬砌黄土隧道围岩结构在地震作用下的安全系数。不同跨度在地震作用下的安全系数及临界状态下的应变云图如图 5-18 所示。

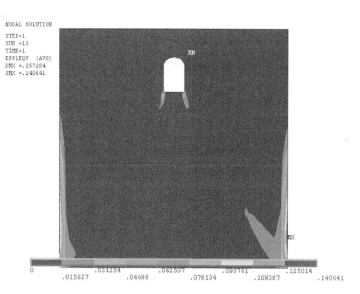

（a）l=3m，η=2.089

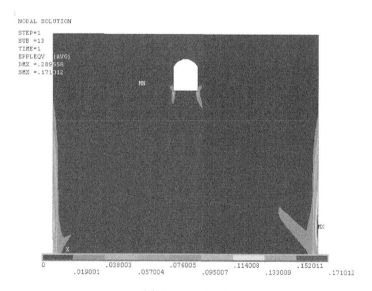

（b）l=4m，η=2.060

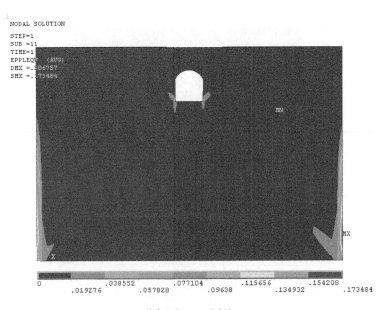

（c）l=5m，η=2.040

图 5-18　8 度多遇地震下不同跨度的安全系数和应变云图

由图 5-18 可以看出，无衬砌黄土隧道在 8 度地区多遇地震作用下，当覆土厚度一定时，随着跨度的增加安全系数降低，塑性区同样最先出现在底脚。

（2）覆土厚度对围岩稳定性的影响。几何参数上，过程同考虑跨度对围岩稳定性的影响，前六阶频率见表 5-8。不同覆土厚度在地震作用下的安全系数及临界状态下的应变云图如图 5-19 所示。

表 5-8　跨度为 3m 时不同覆土厚度的频率

覆土厚度/m	频率/Hz					
	第一频率	第二频率	第三频率	第四频率	第五频率	第六频率
4	0.8489	1.8569	2.4266	2.6174	3.0271	3.8140
5	0.8234	1.8387	2.3509	2.6100	3.0207	3.7674
6	0.7994	1.8196	2.2819	2.6027	3.0188	3.7204

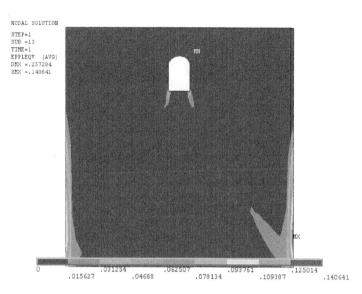

（a）H_d=4m，η=2.089

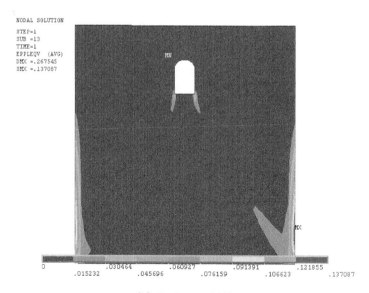

（b）H_d=5m，η=2.088

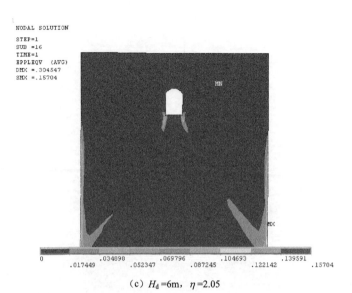

（c）H_d =6m，η =2.05

图 5-19　8 度多遇地震下不同覆土厚度的安全系数和应变云图

由图 5-19 可以看出，无衬砌黄土隧道在 8 度地区的多遇地震作用下，当跨度一定时，随着覆土厚度的增加安全系数降低，塑性区同样最先出现在底脚。

（3）不同地震烈度对围岩稳定性的影响。设黄土隧道的跨度为 3m、覆土厚度为 4m，分别承受 8 度、8.5 度（加速度时程曲线最大值为 110cm/s^2）和 9 度（加速度时程曲线最大值为 140cm/s^2）地震作用，其余同前。不同地震烈度作用下的安全系数及临界状态下的应变云图如图 5-20 所示。

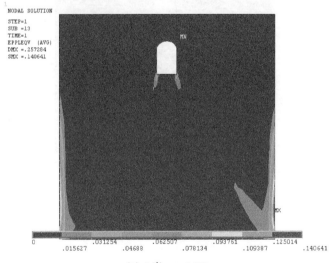

（a）8 度，η =2.089

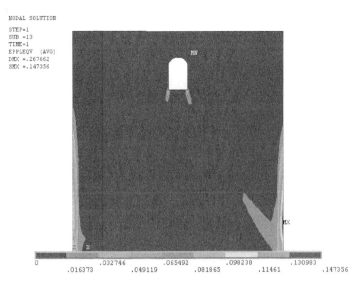

（b）8.5 度，η=2.088

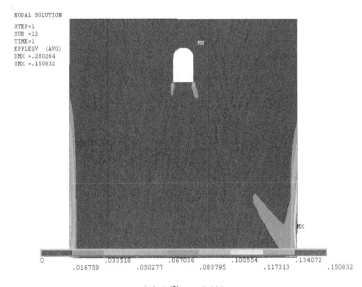

（c）9 度，η=2.085

图 5-20　多遇地震在不同设防烈度下的安全系数和应变云图

由图 5-20 可以看出，当跨度和覆土厚度一定时，无衬砌黄土隧道在多遇地震作用下随着烈度的增加安全系数降低，塑性区最先出现在底脚。

为了保证结构的安全，分别考虑 7 度罕遇、7.5 度罕遇、8 度罕遇、8.5 度罕遇和 9 度罕遇的地震作用，其应变云图和安全系数如图 5-21 所示。

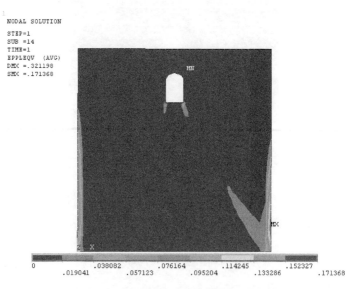

（a）7度罕遇，$\eta=2.083$

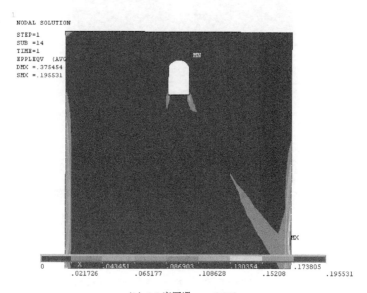

（b）7.5度罕遇，$\eta=2.079$

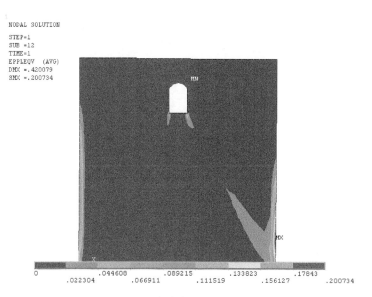

（c）8 度罕遇，η =2.067

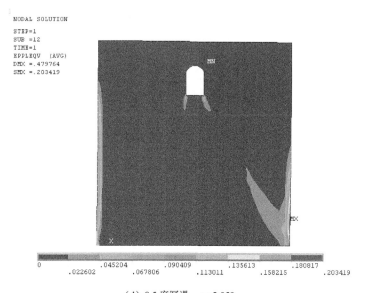

（d）8.5 度罕遇，η =2.059

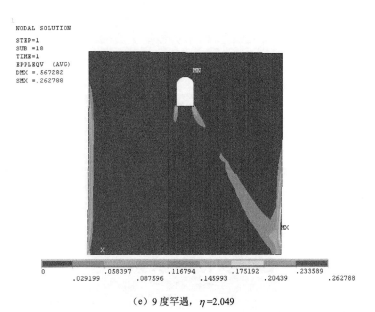

（e）9度罕遇，η =2.049

图 5-21　罕遇地震下不同设防烈度下的安全系数和应变云图

由图 5-21 可以看出，对罕遇地震作用，随着设防烈度的增加，抗剪强度安全系数虽减小，但均大于 2.0，能够满足现有文献的要求。

综上所述，通过对小跨径无衬砌黄土隧道进行准静态和地震作用的动力响应分析，结果表明：

（1）在重力作用的情况下，跨度越大，覆土厚度越大，抗剪强度安全系数越小。

（2）塑性区最先出现在底脚，因此，考虑地震作用时应对底脚处采取构造措施加强。

（3）随着跨度、覆土厚度和设防烈度的增加，抗剪强度安全系数降低。

5.2.3　底脚处应力集中对安全系数的影响

近年来，人们对隧道的围岩破坏机理做了大量的研究，于学馥[5]针对围岩不同的破坏形式，提出了不同的计算方法，指出变形压力的计算可应用芬纳公式和卡斯特纳公式等。松动压力可采用普氏理论公式、郎金土压力公式和库仑土压力公式等。杨志法等[6]研究了地下工程结构围岩稳定性分析的有限元图谱，并针对不同断面形状的巷道，探讨了不同侧向压力系数作用下的围岩应力分布情况。赵兴东等[7]对不同断面形式（圆形、矩形、直墙拱形和椭圆形）的隧道进行破坏模式的研究，得出了不同侧向压力系数下各种形状隧道的围岩破坏特征。李浩等[8]针对圆形隧道、矩形隧道、直墙式隧道和曲墙式隧道，探讨了断面形状对隧道围岩位移和应力的影响，指出圆形断面隧道围岩位移最小，应力集中系数最小，塑性区厚度最小，应力集中系数最大点距道面的距离最大，即支护结构受到的围岩压力最小，曲墙式隧道围岩位移、应力集中程度和塑性区仅次于圆形隧道，曲墙式断面是合理的隧道断面形式，矩形隧道围岩位移、应力集中程度和塑性区最大，直墙式隧道围岩位移、应力集中程度和塑性区仅比矩形隧道略小，同矩形一样，直墙式断面是不利的隧道断面形式。

通过对小跨径无衬砌黄土隧道进行了重力作用和地震作用下的动力响应分析，直墙式黄土隧道底脚处首先破坏，动力安全系数较静力安全系数低得多，故可能存在应力集中现象，张华兵等[9]通过黏弹塑性有限元分析指出拱脚处的应变较集中。为了验证这一问题，本节针对直墙式黄土隧道围岩结构，在现有研究的基础上，探讨底脚为不同半径的圆弧时围岩结构安全系数的变化情况，以便证明底脚处应力集中现象对围岩结构稳定性的影响程度。

1. 重力作用下的安全系数

由第 5.2.2 小节可知，重力作用下围岩稳定性安全系数和应变云图如图 5-22 所示。

由图 5-22 可以看出，对于底脚为直角时的无衬砌直墙式黄土砌隧道，跨度越大、覆土厚度越大，安全系数越小，塑性区最先出现在底脚偏上，故可以排除底脚应力集中现象对围岩结构安全系数的影响。

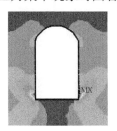 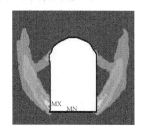 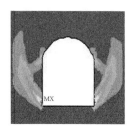

（a）H_d=4m，H=4m，l=3m，η=3.02　　（b）H_d=4m，H=4m，l=4m，η=2.78　　（c）H_d=4m，H=4m，l=5m，η=2.60

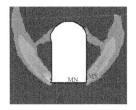 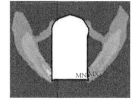

（d）H_d=5m，H=4m，l=3m，η=2.87　　　　　　（e）H_d=6m，H=4m，l=3m，η=2.78

图 5-22　重力作用下的安全系数和应变云图

2. 地震作用下的安全系数

由第 5.2.2 节可知，地震作用下围岩稳定性安全系数和应变云图如图 5-23 所示。

由图 5-23 可以看出，对于底脚为直角的无衬砌直墙式黄土砌隧道，跨度越大、覆土厚度越大、地震烈度越大，地震作用下的安全系数越小，塑性区最先出现在底脚处，故直角的应力集中现象可能对围岩结构安全系数有一定的影响。另外，通过对图 5-22 和图 5-23 比较可知，地震作用使得无衬砌直墙式黄土砌隧道的安全系数有较大地降低。

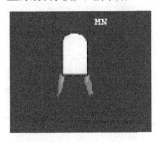

（a）H_d=4m，H=4m，8 度，l=3m，η=2.089

（b）H_d=4m，H=4m，8 度，l=4m，η=2.060

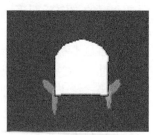

（c）H_d=4m，H=4m，8 度，l=5m，η=2.040

（d）H_d=5m，H=4m，8 度，l=3m，η=2.880

（e）H_d=6m，H=4m，8 度，l=3m，η=2.050

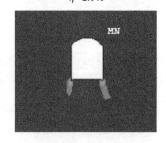

（f）H_d=4m，H=4m，8.5 度，l=3m，η=2.088

（g）H_d=4m，H=4m，9 度，l=3m，η=2.085

（h）H_d=4m，H=4m，7 度罕，l=3m，η=2.083

（i）H_d=4m，H=4m，7.5 度罕，l=3m，η=2.079

（j）H_d=4m，H=4m，8 度罕，l=3m，η=2.067

（k）H_d=4m，H=4m，8.5 度罕，l=3m，η=2.059

（l）H_d=4m，H=4m，9 度罕，l=3m，η=2.049

图 5-23　地震作用下的安全系数和应变云图

3. 底脚为圆弧时地震作用下的安全系数

如前所述，由于地震作用下塑性区最先出现在底脚处，故有可能是底脚处应力集中现象导致围岩结构安全系数的降低。为了验证这一问题，取 *l*=8.0m、*H*=6.0m、*h*=2.5m、H_d=15m 的无衬砌直墙式黄土隧道，设防烈度为 8 度，根据底脚处为不同圆弧半径时的有限元结果来判定应力集中现象的影响。不同圆弧半径无衬砌直墙式黄土砌隧道在地震作用下的安全系数和应变云图见图 5-24。

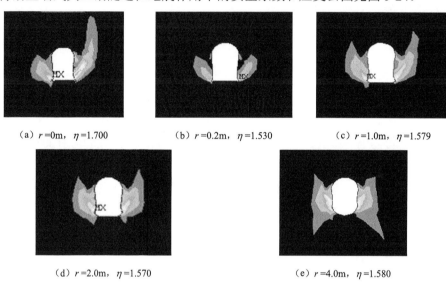

（a）*r*=0m，*η*=1.700　　　（b）*r*=0.2m，*η*=1.530　　　（c）*r*=1.0m，*η*=1.579

（d）*r*=2.0m，*η*=1.570　　　　　　（e）*r*=4.0m，*η*=1.580

图 5-24　不同圆弧半径时地震作用下的安全系数和应变云图

由图 5-24 的安全系数，可得折减系数与圆弧半径关系如图 5-25 所示。

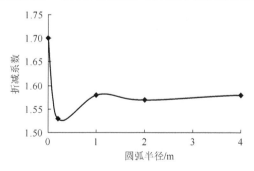

图 5-25　折减系数与圆弧半径关系

由图 5-24 和图 5-25 可以看出，圆弧半径为零，即底脚为直角时，地震作用下的安全系数最大；当圆弧半径大于零而小于 1 时，地震作用下的安全系数最小；当圆弧半径大于 1 时，地震作用下的安全系数基本稳定。由此可知，地震作用下安全系数的降低并非底脚处应力集中现象的影响。

综上所述，为了验证直墙式无衬砌黄土隧道底脚处应力集中现象对围岩结构安全系数的影响，根据静力和动力分析模型，在现有研究结果的基础上，分析了底脚为直角时重力和地震作用下塑性区和安全系数的变化规律，并通过数值算例，研究了底脚为不同半径圆弧时围岩结构安全系数的变化情况。结果表明：

（1）在重力作用下塑性区最先出现在底脚偏上，直角的应力集中现象对围岩结构安全系数没有影响。

（2）地震作用下塑性区虽然最先出现在底脚处，但安全系数的降低并非底脚处应力集中现象的影响。

（3）无论重力作用还是地震作用、直墙底部是直角还是圆弧，塑性区均先出现在底脚附近，因此，设计和施工时应对底脚处采取构造加强措施。

5.3 动力有限元强度折减法在无衬砌曲墙式黄土隧道中的应用

材料参数同前，动力分析模型和静力分析模型如图 4-1 和图 4-2 所示。

分析方法见第 4 章，采用 El Centro 波进行水平地震响应分析。

1. 跨度对围岩稳定性的影响

几何参数同第 4 章，为了确定该模型地震分析中的 α 和 β，用分块兰索斯法对其进行模态分析（图 4-1），得出覆土厚度为 8m 时的前六阶频率（表 5-9），由频率和阻尼比 ζ 确定 Rayleigh 阻尼的常数 α 和 β 值。

表 5-9 覆土厚度为 8m 时不同跨度的频率

跨度/m	频率/Hz					
	第一频率	第二频率	第三频率	第四频率	第五频率	第六频率
6	0.6524	1.1969	1.4290	1.5452	1.8688	2.3254
8	0.6521	1.1087	1.1612	1.3300	1.7438	1.7878
10	0.6507	1.0126	1.0701	1.2314	1.4959	1.6012

考虑到设防烈度为 7 度（加速度时程曲线最大值为 35cm/s^2）地区时地震响应较小，9 度（加速度时程曲线最大值为 140cm/s^2）地区建设无衬砌隧道的可能性不大，故先对设防烈度为 8 度（加速度时程曲线最大值为 70cm/s^2）地区的多遇地震情况下的黄土隧道进行围岩稳定性分析。通过不断降低土体的抗剪强度参数，得到无衬砌黄土隧道围岩结构在地震作用下的安全系数。不同跨度在地震作用下的安全系数及临界状态下的应变云图如图 5-26 所示。

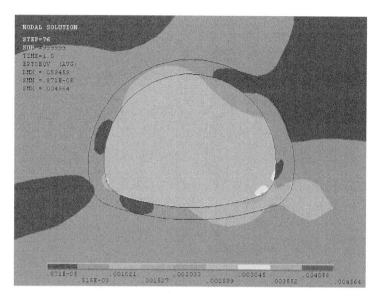

（a）l=6m，η=1.510

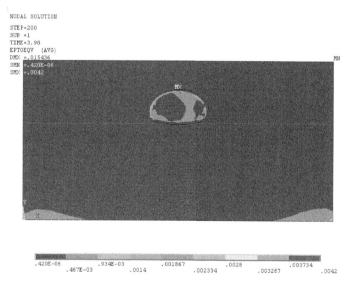

（b）l=8m，η=1.404

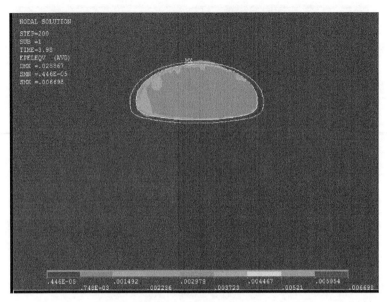

（c）l=10m，η=1.383

图 5-26　8 度多遇地震下不同跨度的安全系数和应变云图

由图 5-26 可以看出，无衬砌蛋形黄土隧道在 8 度地区多遇地震作用下，当覆土厚度一定时，随着跨度的增加安全系数降低，塑性区同样出现在底脚和洞顶。

2. 覆土厚度对围岩稳定性的影响

几何参数同第 4 章，前六阶频率见表 5-10。不同覆土厚度在地震作用下的安全系数及临界状态下的应变云图如图 5-27 所示。

表 5-10　跨度为 6m 时不同覆土厚度的频率

覆土厚度/m	频率/Hz					
	第一频率	第二频率	第三频率	第四频率	第五频率	第六频率
8	0.6524	1.1969	1.4290	1.5254	1.8688	2.3254
10	0.6210	1.1472	1.4314	1.5230	1.8095	2.2997
12	0.5927	1.1043	1.4333	1.5041	1.7592	2.2807

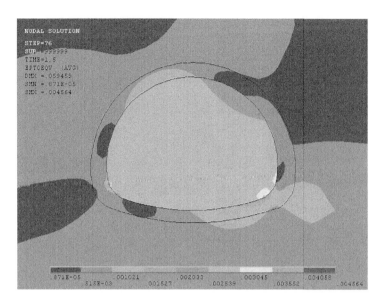

（a）H_d=8m，η=1.510

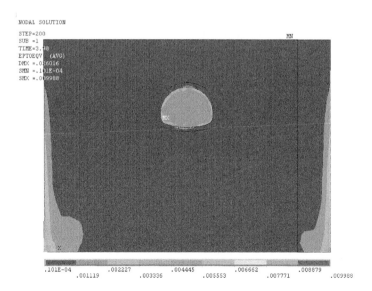

（b）H_d=10m，η=1.416

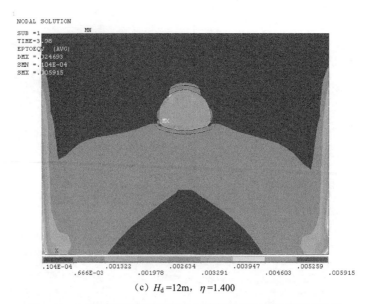

（c）H_d=12m，η=1.400

图 5-27　8 度多遇地震下不同覆土厚度的安全系数和应变云图

由图 5-27 可以看出，无衬砌黄土隧道在 8 度地区的多遇地震作用下，当跨度一定时，随着覆土厚度的增加安全系数降低，塑性区同样出现在底脚和洞顶。

3. 设防烈度对围岩稳定性的影响

设黄土隧道的跨度为 6m、覆土厚度为 8m，分别承受 7 度、8 度和 9 度地震作用，其余同前。不同地震烈度作用下的安全系数及临界状态下的应变云图如图 5-28 所示。

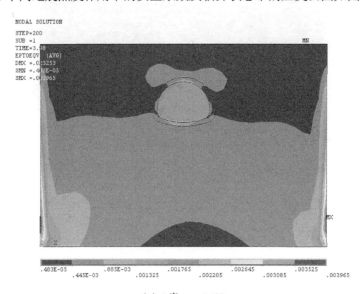

（a）7 度，η=2.580

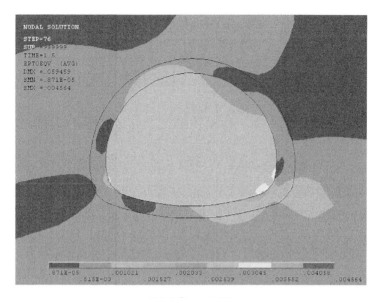

（b）8 度，η=1.510

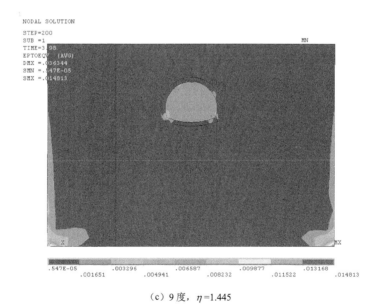

（c）9 度，η=1.445

图 5-28　多遇地震在不同烈度下的安全系数和应变云图

由图 5-28 可以看出，当跨度和覆土厚度一定时，无衬砌黄土隧道在多遇地震作用下随着烈度的增加安全系数降低，塑性区同样出现在底脚。

综上所述，采用动力有限元强度折减法，对无衬砌曲墙式黄土隧道进行地震作用的动力稳定分析，结果表明：

（1）当覆土厚度一定时，随着跨度的增加安全系数降低，塑性区出现在底脚和曲墙两侧偏上处。

（2）当跨度一定时，随着覆土厚度的增加安全系数降低，塑性区同样出现在底脚和曲墙两侧偏上处。

（3）安全系数随着设防烈度的增加而降低。

（4）考虑地震作用时应对底脚处和曲墙两侧偏上处采取构造加强措施。

5.4　小　　结

本章利用动力有限元静力强度折减法和动力有限元强度折减法，对地震作用下的直墙式、曲墙式和圆形无衬砌黄土隧道进行了动力稳定性分析。数值算例结果表明：

（1）5 倍的洞室跨度能满足工程精度要求，从而大大节省了计算时间。

（2）圆形无衬砌黄土隧道的塑性区最先出现在左右两侧偏上部位，直墙式无衬砌黄土隧道的塑性区最先出现在底脚，曲墙式无衬砌黄土隧道的塑性区最先出现在底脚和曲墙两侧偏上处，故在考虑地震作用时该处应采取构造措施加强。

（3）在重力作用下，跨度越大，直径越大，覆土厚度越大，抗剪强度安全系数越小。

（4）采用 El Centro 波和 Northridge 波计算所得的动力安全系数相差不大，故在以后数值分析时可仅采用 El Centro 波。

（5）地震作用下无衬砌黄土隧道的安全系数随着跨度、覆土厚度和设防烈度的增加而降低。

（6）直墙式无衬砌黄土隧道在地震作用下的塑性区虽然最先出现在底脚处，但安全系数的降低并非由于底脚处的应力集中现象引起。

参 考 文 献

[1] 熊启钧. 隧洞[M]. 北京: 中国水利出版社, 2005.

[2] 王毅才. 隧道工程[M]. 北京: 人民交通出版社, 2000.

[3] CHENG X S, TIAN R R, WANG J L. Parameter determination about loess tunnel analysis model under earthquake action [C]. The 11th International Symposium on Structural Engineering, 2010: 34-38.

[4] 建筑抗震设计规范(GB 50011—2010)[S]. 北京: 中国建筑工业出版社, 2010.

[5] 于学馥. 现代工程岩土学基础[M]. 北京: 科学出版社, 1995.

[6] 杨志法, 丁恩保, 张三旗. 地下工程平面问题弹性有限元图谱[M]. 北京: 科学出版社, 1989.

[7] 赵兴东, 段进超, 唐春安, 等. 不同断面形式隧道破坏模式研究[J]. 岩石力学与工程学报, 2004, 23(增 2): 4921-4925.

[8] 李浩, 朱向阳, 徐永福, 等.断面形状对隧洞围岩位移和应力的影响分析[J]. 隧道建设, 2009, 29(1): 38-44.

[9] 张华兵, 倪玉山, 赵学勐. 黄土隧道围岩稳定性粘弹塑性有限元分析[J]. 岩土力学, 2004, 25(增): 247-250.

第6章　有衬砌黄土隧道的地震动稳定性分析

实际工程中黄土隧道分无衬砌和有衬砌两种情况，第 5 章利用动力有限元静力强度折减法和动力有限元强度折减法，分别对地震作用下直墙式、曲墙式和圆形无衬砌黄土隧道的动力稳定性进行了分析，探讨了隧道跨度、覆土厚度和地震设防烈度对动力稳定安全系数的影响。本章考虑隧道的衬砌结构，将衬砌结构视为非线性弹塑性材料，利用动力有限元静力强度折减法和动力有限元强度折减法进行安全系数计算。

6.1　衬砌混凝土结构的本构关系

截至目前，人们已提出了若干混凝土结构的本构关系，比较典型的有 Hognestad、Saenz 和 Sargin 等建议的混凝土本构模型[1,2]。

Hognestad 建议的混凝土本构模型如图 6-1 所示。

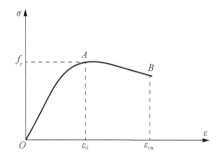

图 6-1　Hognestad 建议的应力-应变曲线

模型的上升段为二次抛物线，下降段为斜直线，即

$$\begin{cases} \sigma = f_c \left[2\dfrac{\varepsilon}{\varepsilon_0} - \left(\dfrac{\varepsilon}{\varepsilon_0}\right)^2 \right] & \varepsilon \leqslant \varepsilon_0 \\[3mm] \sigma = f_c \left(1 - 0.15\dfrac{\varepsilon - \varepsilon_0}{\varepsilon_{cu} - \varepsilon_0} \right) & \varepsilon_0 \leqslant \varepsilon \leqslant \varepsilon_{cu} \end{cases} \tag{6-1}$$

式中，σ 表示混凝土中任一点的应力；ε 表示混凝土中任一点的应变；f_c 表示棱柱体的极限抗压强度；ε_0 表示棱柱体的极限抗压强度对应的应变；ε_{cu} 表示极限压应变。

Saenz 等建议的混凝土本构模型如图 6-2 所示。

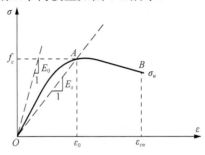

图 6-2　Saenz 等建议的应力-应变曲线

模型的一般数学表达式为

$$\sigma = \frac{\varepsilon}{C_1 + C_2\varepsilon + C_3\varepsilon^2 + C_4\varepsilon^2} \tag{6-2}$$

式中，C_1、C_2、C_3、C_4 为常数。

边界条件为

$$\begin{cases} \varepsilon = 0, & \sigma = 0; \quad \varepsilon = 0, \quad \dfrac{\mathrm{d}\sigma}{\mathrm{d}\varepsilon} = E_0 \\[2mm] \varepsilon = \varepsilon_0, & \sigma = \sigma_0; \quad \varepsilon = \varepsilon_0, \quad \dfrac{\mathrm{d}\sigma}{\mathrm{d}\varepsilon} = 0 \\[2mm] \varepsilon = \varepsilon_u, & \sigma = \sigma_u \end{cases} \tag{6-3}$$

式中，E_0 为原点切线模量；$\varepsilon_u = 0.003 \sim 0.004$。

将式（6-3）代入式（6-2），并令

$$R = \frac{\dfrac{E_0}{E_s}\left(\dfrac{\sigma_0}{\sigma_u} - 1\right)}{\left(\dfrac{\varepsilon_u}{\varepsilon_o} - 1\right)^2} - \frac{\varepsilon_0}{\varepsilon_u}$$

得

$$\sigma = \frac{E_0\varepsilon}{\left[1 + \left(R + \dfrac{E_0}{E_s} - 2\right)\dfrac{\varepsilon}{\varepsilon_0} - (2R - 1)\left(\dfrac{\varepsilon}{\varepsilon_0}\right)^2 + C_3\varepsilon^2 + R\left(\dfrac{\varepsilon}{\varepsilon_0}\right)^3\right]} \tag{6-4}$$

式中，E_s 为应力达到峰值时的割线模量。

Sargin 对 Saenz 等建议的混凝土本构模型进行了修改[3]，即

$$\sigma = k_3 f_c \frac{F_1 \dfrac{\varepsilon}{\varepsilon_0} + \left(F_2 - 2\right)\left(\dfrac{\varepsilon}{\varepsilon_0}\right)^2}{1 + \left(F_1 - 2\right)\dfrac{\varepsilon}{\varepsilon_0} + F_2 \left(\dfrac{\varepsilon}{\varepsilon_0}\right)^2} \qquad (6\text{-}5)$$

式中，$F_1 = \dfrac{E_0}{E_s}$，k_3 为侧向约束对强度的影响系数，F_2 主要影响下降段的参数。

6.2　混凝土的本构关系的 ANSYS 实现

根据现有文献[4]，采用 Sargin 等建议的混凝土本构模型（图 6-3）。为了进行有限元数值模拟，在图 6-4 的曲线上取若干点，如图 6-4 所示。

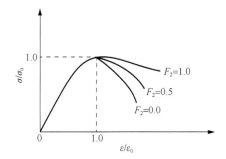

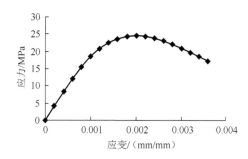

图 6-3　Sargin 等建议的应力-应变曲线　　　　图 6-4　混凝土本构关系

对于 C30 混凝土，$f_c = 24.5\text{MPa}$，$\varepsilon_0 = 0.002$。式（6-5）中的系数为：$k_3 = 1$、$F_1 = 1.7388$、$F_2 = 0.5$。图 6-4 上各点的应力-应变关系见表 6-1 所示。

表 6-1　应力-应变对应关系

应变/（mm/mm）	应力/MPa	应变/（mm/mm）	应力/MPa
0.0000	0.0000	0.0020	24.50000
0.0002	4.22683	0.0022	24.31407
0.0004	8.29764	0.0024	23.80326
0.0006	12.08069	0.0026	23.03531
0.0008	15.45867	0.0028	22.07173
0.0010	18.34051	0.0030	20.96607
0.0012	20.66918	0.0032	19.76336
0.0014	22.42404	0.0034	18.50038
0.0016	23.61794	0.0036	17.20643
0.0018	24.29058		

6.3　利用动力有限元静力强度折减法进行有衬砌黄土隧道的地震动稳定性分析

1. 地震动稳定性分析

（1）跨度对地震动稳定性的影响。设衬砌厚度为 0.3m，取覆土厚度为 8m，跨度分别取为 6m、8m 和 10m，其余参数同第 3 章。前六阶频率见表 6-2，设防烈度为 8 度时不同跨度在地震作用下的安全系数及临界状态下的应变云图如图 6-5 所示。

表 6-2　覆土厚度为 8m 时不同跨度的频率

跨度/m	频率/Hz					
	第一频率	第二频率	第三频率	第四频率	第五频率	第六频率
6	0.6648	1.2539	1.6579	1.7190	1.9394	2.5239
8	0.6647	1.1764	1.3277	1.3960	1.9310	1.9566
10	0.6645	1.1359	1.1661	1.2659	1.6427	1.8950

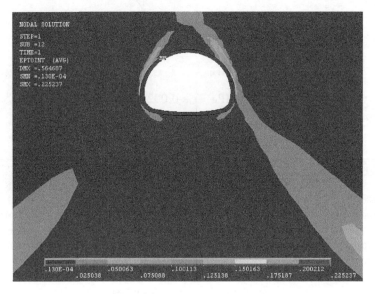

（a）$l = 6\text{m}$，$\eta = 1.963$

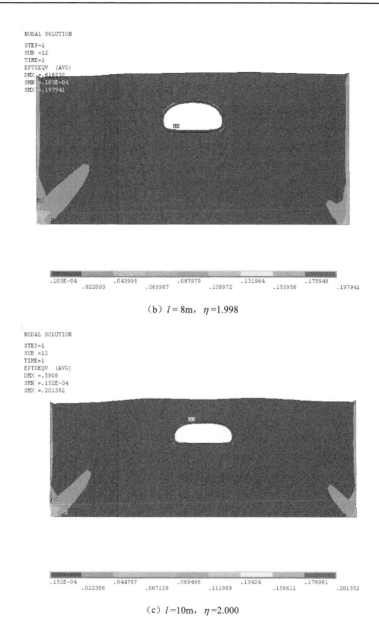

（b）l =8m，η =1.998

（c）l =10m，η =2.000

图 6-5　8 度多遇地震下不同跨度的安全系数和应变云图

　　由图 6-5 可以看出，有衬砌黄土隧道在 8 度地区多遇地震作用下，当覆土厚度一定时，随着跨度的增加安全系数有增加的趋势，但其误差相差不大且小于 5%。塑性区最先出现在曲墙两侧，并沿斜向上发展，然后出现在底脚。

　　（2）覆土厚度对围岩稳定性的影响。取跨度为 6m，覆土厚度分别取为 8m、10m 和 12m，其余参数同前。前六阶频率见表 6-3，不同覆土厚度在地震作用下的安全系数及临界状态下的应变云图如图 6-6 所示。

表 6-3　跨度为 6m 时不同覆土厚度的频率

覆土厚度/m	频率/Hz					
	第一频率	第二频率	第三频率	第四频率	第五频率	第六频率
8	0.6648	1.2539	1.6579	1.7190	1.9394	2.5239
10	0.6344	1.2081	1.6395	1.7030	1.8565	2.4575
12	0.6067	1.1675	1.6226	1.6890	1.7839	2.3977

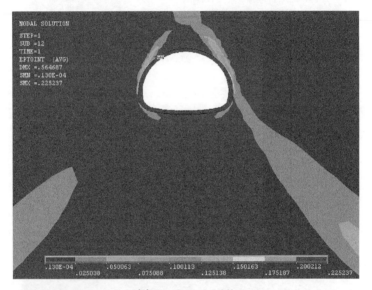

（a）H_d = 8m，η = 1.963

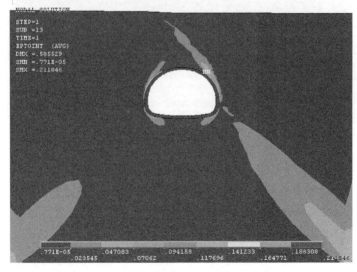

（b）H_d = 10m，η = 1.921

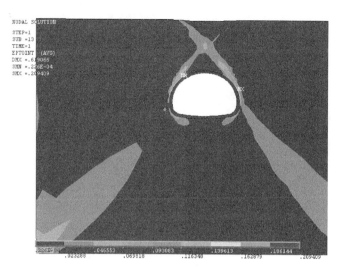

（c）H_d=12m，η=1.902

图 6-6 8 度多遇地震下不同覆土厚度的安全系数和应变云图

由图 6-6 可以看出，有衬砌黄土隧道在 8 度地区的多遇地震作用下，当跨度一定时，随着覆土厚度的增加安全系数降低，塑性区同样最先出现在曲墙两侧，并沿斜向上发展，然后出现在底脚。

（3）不同地震烈度对围岩稳定性的影响。设黄土隧道的跨度为 6m、覆土厚度为 8m，分别承受 8 度、8.5 度和 9 度地震作用，其余同前。不同地震烈度作用下的安全系数及临界状态下的应变云图如图 6-7 所示。

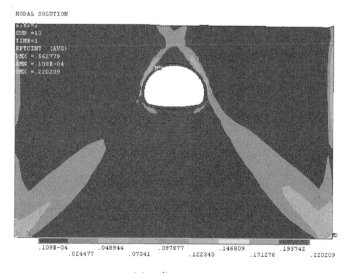

（a）7 度，η=1.968

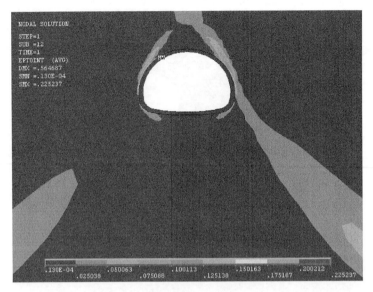

（b）8度，$\eta = 1.963$

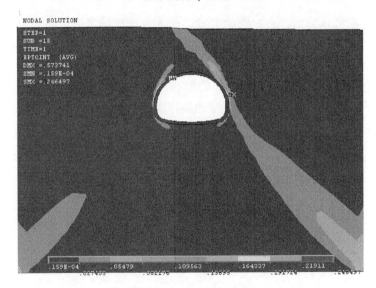

（c）9度，$\eta = 1.962$

图 6-7　多遇地震在不同烈度下的安全系数和应变云图

　　由图 6-7 可以看出，当跨度和覆土厚度一定时，有衬砌黄土隧道在多遇地震作用下随着烈度的增加安全系数降低，塑性区同样最先出现在曲墙两侧，并沿斜向上发展，然后出现在底脚。

　　7 度罕遇、8 度罕遇、9 度罕遇地震作用的应变云图和安全系数如图 6-8 所示。

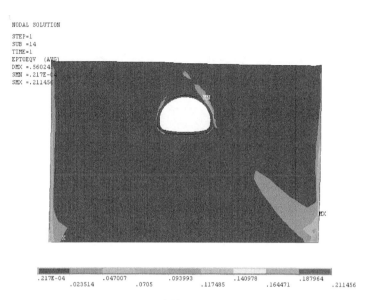

（a）7 度罕遇，η=1.957

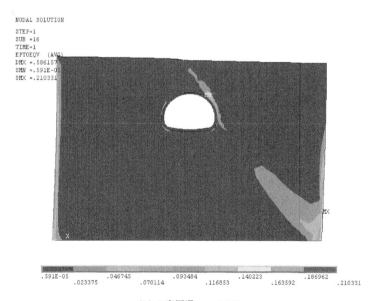

（b）8 度罕遇，η=1.943

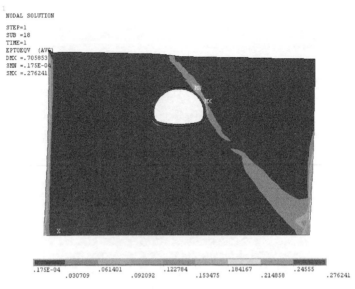

(c) 9 度罕遇，η=1.932

图 6-8　罕遇地震在不同烈度下的安全系数和应变云图

由图 6-8 可以看出，对罕遇地震作用，随着设防烈度的增加抗剪强度安全系数减小。因此，当考虑地震作用时，应加大衬砌厚度，并对曲墙两侧和底脚塑性发展严重区采取构造加强措施。

2. 小结

利用动力有限元静力强度折减法，通过对有衬砌黄土隧道进行 8 度地区的多遇地震作用下的稳定分析，结果表明：

（1）当跨度一定时，安全系数随着覆土厚度的增加而降低。

（2）当覆土厚度一定时，安全系数随着跨度的增加有增加的趋势，但其误差相差不大且小于 5%。

（3）不论多遇地震还是罕遇地震，安全系数均随着设防烈度的增加而减小。

（4）塑性区最先出现在曲墙两侧，并沿斜向上发展，然后出现在底脚。

（5）结构设计时应加大衬砌厚度，并对曲墙两侧和底脚塑性发展严重区采取构造加强措施。

6.4　利用动力有限元强度折减法进行有衬砌黄土隧道的地震动稳定性分析

1. 地震动稳定性分析

（1）跨度对地震动稳定性的影响。设隧道覆土厚度为 8m，跨度为分别为 6m、8m 和 10m，其余参数同前。前六阶频率见表 6-4，设防烈度为 8 度时不同跨度在地震作用下的安全系数及临界状态下的应变云图如图 6-9 所示。

表 6-4　覆土厚度为 8m 时不同跨度的频率

跨度/m	频率/Hz					
	第一频率	第二频率	第三频率	第四频率	第五频率	第六频率
6	0.6648	1.2539	1.6579	1.7190	1.9394	2.5239
8	0.6679	1.2043	1.3526	1.4288	1.9249	2.0694
10	0.7600	1.4063	1.7303	1.9366	2.2175	2.8800

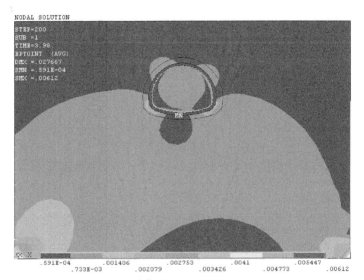

（a）l=6m，η=1.898

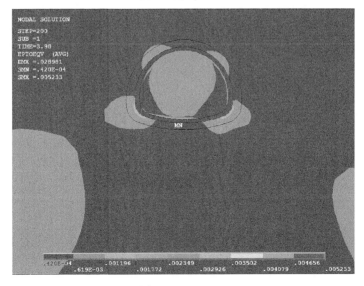

（b）l=8m，η=1.998

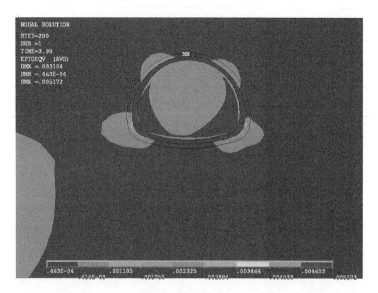

（c）l=10m，η=2.000

图 6-9 8 度多遇地震下不同跨度的安全系数和应变云图

由图 6-9 可以看出，有衬砌黄土隧道在 8 度地区多遇地震作用下，当覆土厚度一定时，随着跨度的增加安全系数升高，塑性区同样最先出现在底脚。

（2）覆土厚度对围岩稳定性的影响。设隧道跨度为 6m，覆土厚度分别为 8m、10m 和 12m，其余参数同前。前六阶频率见表 6-5，设防烈度为 8 度时不同跨度在地震作用下的安全系数及临界状态下的应变云图如图 6-10 所示。

表 6-5 跨度为 6m 时不同覆土厚度的频率

覆土厚度/m	频率/Hz					
	第一频率	第二频率	第三频率	第四频率	第五频率	第六频率
8	0.6648	1.2539	1.6579	1.7190	1.9394	2.5239
10	0.6344	1.2081	1.6395	1.7030	1.8565	2.4575
12	0.6067	1.1675	1.6226	1.6890	1.7839	2.3977

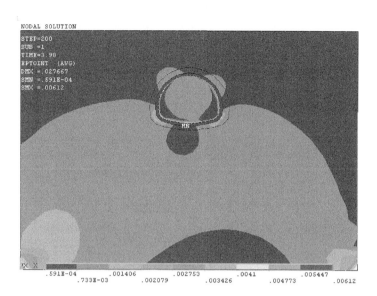

（a）$H_d=8m$，$\eta=1.898$

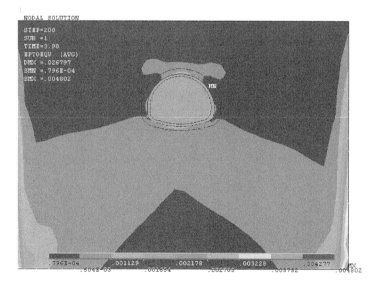

（b）$H_d=10m$，$\eta=1.859$

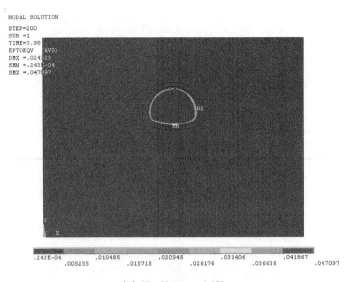

（c）H_d=12m，η=1.475

图 6-10　8 度多遇地震下不同覆土厚度的安全系数和应变云图

由图 6-10 可以看出，有衬砌黄土隧道在 8 度地区的多遇地震作用下，当跨度一定时，随着覆土厚度的增加安全系数降低，塑性区同样最先出现在底脚。

（3）不同地震烈度对围岩稳定性的影响。设黄土隧道的跨度为 6m，覆土厚度为 8m，分别承受 8 度、8.5 度和 9 度地震作用，其余同前。不同地震烈度作用下的安全系数及临界状态下的应变云图如图 6-11 所示。

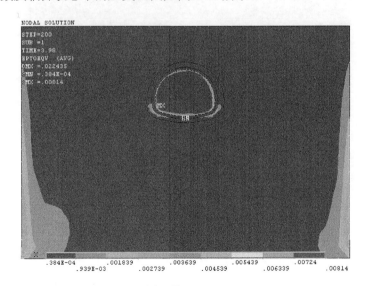

（a）7 度，η=2.600

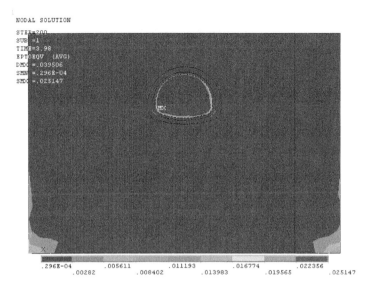

（b）8 度，$\eta = 1.898$

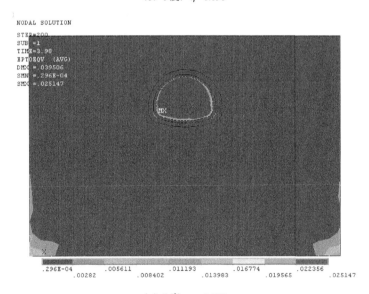

（c）9 度，$\eta = 1.435$

图 6-11　多遇地震在不同烈度下的安全系数和应变云图

　　由图 6-11 可以看出，当跨度和覆土厚度一定时，有衬砌黄土隧道在多遇地震作用下随着烈度的增加安全系数降低，塑性区最先出现在底脚。

2. 小结

　　利用动力有限元强度折减法，通过对有衬砌黄土隧道进行 8 度地区的多遇地震作用下的稳定分析，结果表明：

（1）当覆土厚度一定时，随着跨度的增加安全系数升高。

（2）当跨度一定时，随着覆土厚度的增加安全系数降低。

（3）随着设防烈度的增加安全系数降低。

（4）塑性区最先出现在底脚。因此，结构设计时应采取加强措施。

（5）有衬砌黄土隧道围岩结构的安全系数比无衬砌黄土隧道有所提高。

参 考 文 献

[1] 程文瀼, 康谷贻, 颜德姮. 混凝土结构[M]. 北京: 中国建筑工业出版社, 2002: 14-45.

[2] 混凝土结构设计规范(GB 50010—2010)[S]. 北京: 中国建筑工业出版社, 2010.

[3] 吕西林, 金国芳, 吴晓涵. 钢筋混凝土结构非线性有限元理论与应用[M]. 上海: 同济大学出版社, 1999.

[4] 郝文化, 肖新标, 沈火明, 等. ANSYS7.0 实例分析与应用[M]. 北京: 清华大学出版社, 2004.

第7章 地震-渗流-列车荷载作用下的黄土隧道断面形式

黄土在天然湿度下具有很高的强度，但是被水渗透后，强度会发生很大变化，并可能引起流土和管涌等一系列失稳现象。本章考虑 Q_2 黄土，分别建立了四种断面形式（圆形、曲墙式、矩形、直墙式）黄土隧道的结构模型和流体模型，分析地震、渗流和列车作用下这四种断面形式黄土隧道的动力响应。通过对提取衬砌关键点的加速度、位移、应力进行比较分析，得到了地震、渗流和列车作用下这四种断面形式黄土隧道动力响应特点。

7.1 材料参数

将围岩参数视为各向同性的理想弹塑性材料，岩土屈服准则采用莫尔-库仑屈服准则。C30 混凝土，初次衬砌厚度为 300mm，二次衬砌厚度为 500mm。依据黄土地区的降水量，选取一次降水量为 100mm。黄土隧道材料和轨道参数见表 7-1、表 7-2。

表 7-1 材料参数表

材料	弹性模量 E/MPa	泊松比 μ	天然重度 γ/(kN/m³)	黏聚力 c/kPa	内摩擦角 φ/(°)	孔隙率 n/%	渗透系数 k/(m/s)
围岩	60	0.35	19	61.2	28	0.2	1.0E-06
初次衬砌	3×10^4	0.2	25	3180	54.9	—	—
二次衬砌	3×10^4	0.2	25	3180	54.9	—	—

表 7-2 轨道参数表[1]

结构名称	弹性模量 E/MPa	泊松比 μ	天然重度 γ/(kN/m³)	抗拉强度 σ_t/MPa	抗压强度 σ_c/MPa
隧底填充	2.8×10^4	0.2	23	1.3	12.5
混凝土	3.0×10^4	0.2	25	1.5	15.0
轨道板	3.3×10^4	0.2	27	1.9	21.5

7.2 计算模型和边界条件

根据现有文献[1]，沿黄土隧道纵向从半无限空间体中截取厚度为 1 的隔离体，左右两侧均取 5 倍隧道宽度，下部均取 5 倍隧道高度，上部均取到自由边界作为模型的计算范围，埋深为 30m，如图 7-1 所示。

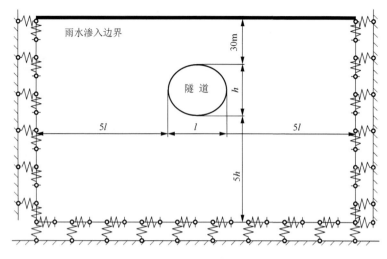

图 7-1 计算模型

黏弹性边界能够较为准确的模拟半无限介质的弹性恢复特性，它弥补了黏性边界易引发低频漂移等问题的不足之处，且有较好的频率稳定性。目前的黏弹性边界主要是利用连续分布的并联弹簧-阻尼器系统进行模拟的。人工边界法向与切向的弹簧刚度和阻尼系数可按下列公式取值。

$$K_{BN} = \alpha_N \frac{G}{R}, C_{BN} = \rho c_p \qquad (7\text{-}1)$$

$$K_{BT} = \alpha_T \frac{G}{R}, C_{BT} = \rho c_s \qquad (7\text{-}2)$$

式中，K_{BN}、K_{BT} 分别为法向与切向弹簧刚度；C_{BN}、C_{BT} 分别为法向与切向阻尼器的阻尼系数；R 为波源至人工边界点的距离；c_p、c_s 分别为介质的 P 波和 S 波波速；G 为介质剪切模量；ρ 为介质容重；α_N、α_T 分别为法向与切向黏弹性边界修正系数。

根据现有文献[3]，二维问题中的 α_N 取值范围为[0.8，1.2]，α_T 的取值范围为[0.35，0.65]，本章取 α_N =1.0、α_T =0.5，由式（7-1）、式（7-2）得，K_{BN} =1.0×10⁶N/m，K_{BT} =0.5×10⁶N/m，C_{BN} =4.42×10⁵N·s/m，C_{BT} =2.28×10⁵N·s/m。根据现有文献[4]取阻尼比 ξ 为 0.15。

边界条件：上部为自由边界，左右两侧和底部为黏弹性边界。

7.3 地震-渗流作用下不同断面形式黄土隧道的动力响应

为研究四种断面形式（圆形、曲墙式、矩形和直墙式）黄土隧道在地震-渗流作用下的动力响应，提取各隧道结构关键点（拱顶、拱肩、拱腰、拱脚、仰拱）的加速度、位移、应力和孔隙水压力进行分析，得到四种断面形式黄土隧道结构在地震-渗流作用下的动力响应规律。

1.　圆形断面

（1）加速度计算结果。输入的地震波在 2.12s 达到正向峰值，由此可以预见隧道结构在 2.12s 的地震响应应该最为明显。因此，提取 2.12s 时刻的加速度计算结果进行分析。图 7-2 为圆形隧道结构在地震-渗流作用下 2.12s 时刻水平加速度云图，图 7-3 为隧道结构关键点水平加速度时程曲线。表 7-3 为关键点水平加速度峰值。

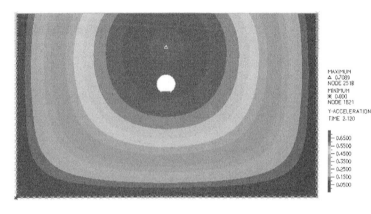

图 7-2　水平加速度云图

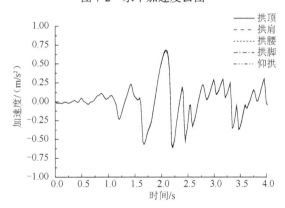

图 7-3　关键点水平加速度时程

表 7-3　关键点水平加速度峰值　　　　　（单位：m/s^2）

项目	拱顶	拱肩	拱腰	拱脚	仰拱
水平加速度	0.683	0.681	0.673	0.665	0.664

根据图 7-2、图 7-3 及表 7-3 可知：①在地震加速度峰值 2.12s 时刻，圆形隧道整体结构的水平加速度响应沿隧道横断面呈环状分布，并向隧道两侧和底部逐

渐减小。隧道拱顶正上方 15m 左右的水平加速度响应最大，峰值为 0.709m/s²，隧道断面区域的水平加速度较大，主要集中在 0.65m/s² 左右。②圆形隧道各关键点的水平加速度变化趋势保持一致，并且数值差别较小。水平加速度时程曲线同输入的地震波动规律具有很好的相似性，说明圆形隧道的水平加速度响应与所选取的地震波密切相关。③圆形隧道关键点水平加速度峰值沿拱顶至仰拱减小。拱顶水平加速度峰值为 0.683m/s²，仰拱水平加速度峰值为 0.664m/s²，比拱顶减小 2.8%。因此，在进行地震区隧道设计时，要加强对拱顶的抗震设计。

（2）位移计算结果。图 7-4 为圆形隧道结构关键点在地震-渗流作用下的水平位移时程，表 7-4 为关键点水平位移峰值。

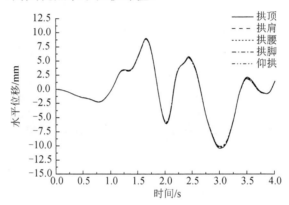

图 7-4　关键点水平位移时程

表 7-4　关键点水平位移峰值　　　　　　　　（单位：mm）

项目	拱顶	拱肩	拱腰	拱脚	仰拱
水平正向峰值	9.01	9.02	8.94	8.87	8.89
水平负向峰值	10.41	10.41	10.24	10.08	10.09

根据图 7-4 及表 7-4 可知：①圆形隧道各关键点位移峰值出现在 3.01s 附近，而各关键点加速度响应峰值出现在 2.12s 左右，体现出了隧道结构位移响应相对于加速度响应的滞后性。②圆形隧道各关键点水平位移时程曲线走势相同，并且位移差值不大。水平位移同样沿拱顶至仰拱减小。拱顶水平位移正向峰值为 9.01mm，仰拱水平位移正向峰值为 8.89mm，比拱顶减小 1.3%；拱顶水平位移负向峰值为 10.41mm，仰拱水平位移负向峰值为 10.09mm，比拱顶减小 3.1%。

（3）应力计算结果。图 7-5、图 7-6 分别为圆形隧道在地震-渗流作用下 2.12s 时刻的第一主应力和第三主应力云图。

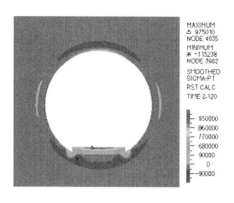

图 7-5　第一主应力云图

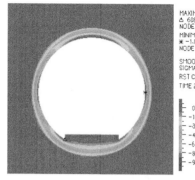

图 7-6　第三主应力云图

根据图 7-5、图 7-6 可知，在地震加速度最大时刻，圆形隧道结构在仰拱和拱顶的第一主应力较大，最大值出现在仰拱轨道板处，大小为 975kPa；第三主应力沿隧道断面分布比较均匀，拱腰两侧第三主应力较大，最大值出现在右侧拱腰处，大小为 10810kPa。

（4）孔隙水压力计算结果。图 7-7 为圆形隧道结构的孔隙水压力云图。由图 7-7 可知，圆形隧道在 100mm 的降水量作用下，孔隙水压力呈分层分布，并且随着深度的增大而增大。隧道断面所处的孔隙水压力范围为 0.3～0.6MPa。

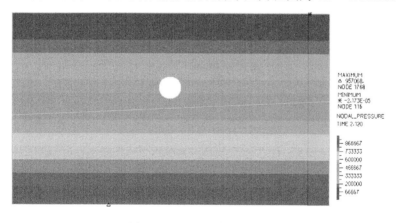

图 7-7　孔隙水压力分布图

2. 曲墙形断面

（1）加速度计算结果。图 7-8 为曲墙形隧道结构在地震-渗流作用下 2.12s 时刻的水平加速度云图，图 7-9 为隧道结构关键点水平加速度时程曲线。表 7-5 为关键点水平加速度峰值。

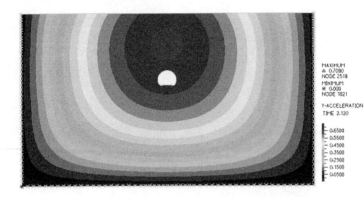

图 7-8　水平加速度云图

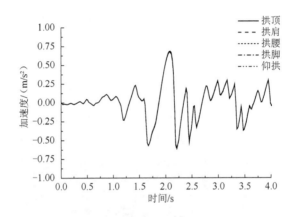

图 7-9　关键点水平加速度时程

表 7-5　关键点水平加速度峰值　　　　　　（单位：m/s²）

项目	拱顶	拱肩	拱腰	拱脚	仰拱
水平加速度	0.683	0.683	0.675	0.668	0.667

由图 7-8、图 7-9 及表 7-5 可知，在地震加速度峰值 2.12s 时刻，曲墙形隧道整体结构的水平加速度响应分布与圆形隧道具有很高的相似性，隧道横断面区域的水平加速度较大，主要集中在 0.65m/s² 左右。曲墙形隧道关键点水平加速度变化趋势同样与输入的地震波动规律具有很好的相似性。各关键点水平加速度响应不同，加速度沿拱顶至仰拱呈减小趋势，拱顶水平加速度峰值为 0.683m/s²，仰拱水平加速度峰值为 0.667m/s²，比拱顶减小 2.3%。

（2）位移计算结果。图 7-10 为曲墙形隧道结构关键点在地震-渗流作用下的水平位移时程，表 7-6 为关键点水平位移峰值。

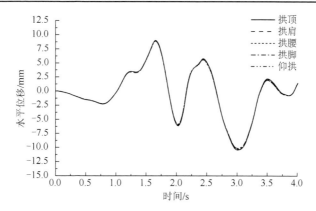

图 7-10　关键点水平位移时程

表 7-6　关键点水平位移峰值　　　　　　　　（单位：mm）

项目	拱顶	拱肩	拱腰	拱脚	仰拱
水平正向峰值	9.00	9.02	8.96	8.89	8.90
水平负向峰值	10.42	10.42	10.28	10.13	10.13

　　由图 7-10 及表 7-6 可知，曲墙形隧道的水平位移分布与圆形隧道相似，各关键点水平位移时程曲线保持一致，并且水平位移峰值滞后于加速度响应峰值时刻。曲墙形隧道关键点水平位移同样沿拱顶至仰拱减小，拱顶水平位移正向峰值为9.00mm，仰拱水平位移正向峰值为 8.90mm，比拱顶减小 1.1%；拱顶水平位移负向峰值为 10.42mm，仰拱水平位移负向峰值为 10.13mm，比拱顶减小 2.8%。

　　（3）应力计算结果。图 7-11、图 7-12 分别为曲墙形隧道在地震-渗流作用下2.12s 时刻的第一主应力和第三主应力云图。

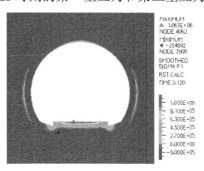

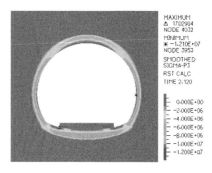

图 7-11　第一主应力云图　　　　　　　图 7-12　第三主应力云图

　　由图 7-11、图 7-12 可知，在地震加速度最大时刻，曲墙形隧道结构的第一主应集中在仰拱的轨道板处，最大值为 1061kPa；第三主应力沿隧道断面分布比较均匀，两侧拱腰数值较大，最大值出现在右侧拱腰处，大小为 12100kPa。

　　（4）孔隙水压力计算结果。图 7-13 为曲墙形隧道结构的孔隙水压力云图。由

图 7-13 可知，曲墙形隧道在 100mm 的降水量作用下，孔隙水压力分布与圆形隧道基本一致，孔隙水压力呈层状分布，并且随着深度的增大而增大。隧道断面所处的孔隙水压力范围为 0.3～0.6MPa。

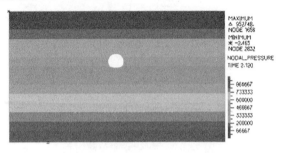

图 7-13　孔隙水压力云图

3. 矩形断面

（1）加速度计算结果。图 7-14 为矩形隧道结构在地震-渗流作用下 2.12s 时刻的水平加速度云图，图 7-15 为隧道结构关键点水平加速度时程曲线。表 7-7 为关键点水平加速度峰值。

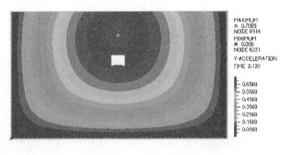

图 7-14　水平加速度云图

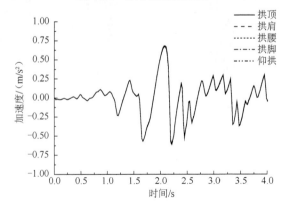

图 7-15　关键点水平加速度时程

表 7-7　关键点水平加速度峰值　　　　　　（单位：m/s²）

项目	拱顶	拱肩	拱腰	拱脚	仰拱
水平加速度	0.688	0.682	0.674	0.669	0.669

由图 7-14、图 7-15 及表 7-7 可知，矩形隧道整体结构在地震加速度峰值 2.12s 时刻的水平加速度响应规律与圆形和曲墙形相似。关键点水平加速度响应与输入的地震波具有高度的相似性。从水平加速度位移时程曲线可知，矩形隧道不同位置的水平加速度差别较小，矩形隧道关键点水平加速度峰值在拱顶最大，达到 0.688m/s²；拱脚和仰拱水平加速度峰值最小，为 0.669m/s²，比拱顶减小 4.0%。

（2）位移计算结果。图 7-16 为矩形隧道结构关键点在地震-渗流作用下的水平位移时程。表 7-8 为关键点水平位移峰值。

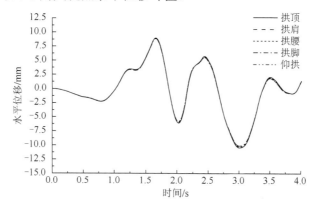

图 7-16　关键点水平位移时程

表 7-8　关键点水平位移峰值　　　　　　（单位：mm）

项目	拱顶	拱肩	拱腰	拱脚	仰拱
水平正向峰值	9.05	9.04	8.97	8.93	8.93
水平负向峰值	10.50	10.43	10.28	10.18	10.17

由图 7-16 及表 7-8 可知，地震-渗流作用下，矩形隧道在各关键点达到水平位移峰值的时刻与圆形和曲墙形隧道保持一致，位移峰值均出现在 3.01s 附近，表现出位移响应的滞后性。矩形隧道各关键点的水平位移时程变化有很高的相似性，关键点水平位移同样沿拱顶至仰拱减小，拱顶水平位移正向峰值为 9.05mm，仰拱水平位移正向峰值为 8.93mm，比拱顶减小 1.3%；拱顶水平位移负向峰值为 10.50mm，仰拱水平位移负向峰值为 10.17mm，比拱顶减小 3.1%。

（3）应力计算结果。图 7-17、图 7-18 分别为矩形隧道在地震-渗流作用下 2.12s 时刻的第一主应力和第三主应力云图。

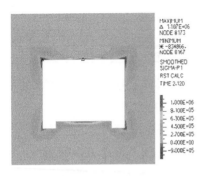 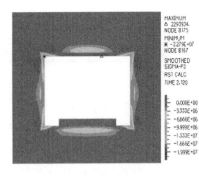

图 7-17　第一主应力云图　　　　　　图 7-18　第三主应力云图

由图 7-17、图 7-18 可知，地震加速度最大时刻，矩形隧道结构第一主应力主要分布在拱顶、仰拱及横断面四个边角处，第一主应力最大值出现在拱顶，峰值为 1107kPa。第三主应力同样分布在横断面四个边角处，第三主应力最大值出现在左拱肩，峰值为 22790kPa。由此可见，地震-渗流作用下，矩形隧道横断面四个边角是最为薄弱的位置，容易发生受拉和受压破坏。

（4）孔隙水压力计算结果。图 7-19 为矩形隧道结构的孔隙水压力云图。由图 7-19 可知，矩形隧道在 100mm 的降水量作用下，孔隙水压力分布与圆形和曲墙形隧道基本一致，孔隙水压力随着深度的增大而增大。隧道断面所处的孔隙水压力范围为 0.3～0.6MPa。

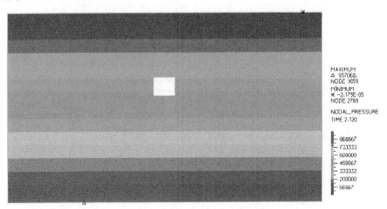

图 7-19　孔隙水压力云图

4. 直墙拱形断面

（1）加速度计算结果。图 7-20 为直墙拱形隧道结构在地震-渗流作用下 2.12s 时刻水平加速度云图，图 7-21 为隧道结构关键点水平加速度时程曲线。表 7-9 为关键点水平加速度峰值。

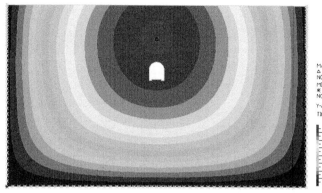

图 7-20　水平加速度云图

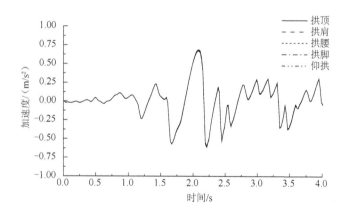

图 7-21　关键点水平加速度时程

表 7-9　关键点水平加速度峰值　　　　（单位：m/s²）

项目	拱顶	拱肩	拱腰	拱脚	仰拱
水平加速度	0.686	0.681	0.674	0.667	0.666

由图 7-20、图 7-21 及表 7-9 可知，直墙拱形隧道结构在地震加速度峰值 2.12s 时刻的水平加速度响应与其他三种断面形式相似。直墙拱形隧道各关键点水平加速度时程与输入的地震波具有高度的相似性。拱顶和拱肩的加速度峰值较大，拱脚和仰拱的加速度峰值较小；水平加速度峰值在拱顶最大，达到 0.686m/s²；仰拱水平加速度峰值最小，为 0.666m/s²，比拱顶减小 2.9%。

（2）位移计算结果。图 7-22 为直墙拱形隧道结构关键点在地震-渗流作用下水平位移时程。表 7-10 为关键点水平位移峰值。

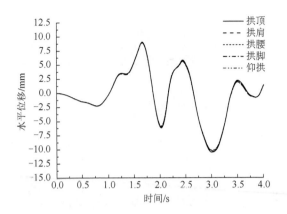

图 7-22　关键点水平位移时程

表 7-10　关键点水平位移峰值　　　　　　（单位：mm）

项目	拱顶	拱肩	拱腰	拱脚	仰拱
水平正向峰值	9.02	9.01	8.95	8.90	8.89
水平负向峰值	10.42	10.42	10.23	10.12	10.12

由图 7-22 及表 7-10 可知，地震-渗流作用下，直墙拱形隧道各关键点水平位移时程变化趋势与其他三种断面形式隧道一致，水平位移峰值出现在 3.01s 附近，表现出位移响应相对于加速度响应的滞后性。直墙拱形隧道关键点水平位移同样沿拱顶至仰拱减小，拱顶水平位移正向峰值为 9.02mm，仰拱水平位移正向峰值为 8.89mm，比拱顶减小 1.4%；拱顶水平位移负向峰值为 10.42mm，仰拱水平位移负向峰值为 10.12mm，比拱顶减小 2.9%。

（3）应力计算结果。图 7-23、图 7-24 分别为直墙拱形隧道在地震-渗流作用下 2.12s 时刻的第一主应力和第三主应力云图。

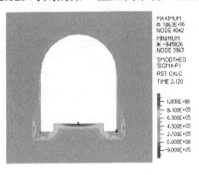

图 7-23　第一主应力云图

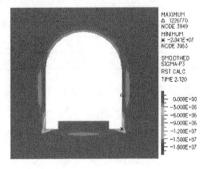

图 7-24　第三主应力云图

由图 7-23、图 7-24 可知，在地震加速度最大时刻，直墙拱形隧道结构表现出了应力集中的现象，第一主应力主要集中在仰拱轨道板和隧道底部两个拱脚位置，拱顶和两侧拱腰的第一主应力较小；第三主应力主要集中在隧道底部两个拱脚。

2.12s 时刻，仰拱轨道板中心的第一主应力最大，为 1063kPa；右拱脚的第三主应力最大，为 20410kPa。由此可见，地震-渗流作用下，直墙形隧道两侧拱脚处是最为薄弱的位置，容易发生受拉和受压破坏。

（4）孔隙水压力计算。图 7-25 为直墙拱形隧道结构的孔隙水压力云图。由图 7-25 可知，直墙拱形隧道在 100mm 的降水量作用下，孔隙水压力分布与其他三种断面形式隧道一致，孔隙水压力沿深度方向增大，并且呈层状分布。隧道断面所处的孔隙水压力范围同样介于 0.3～0.6MPa。

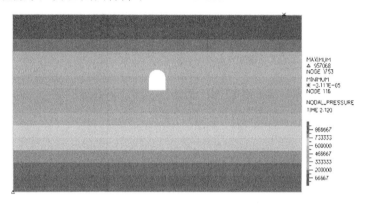

图 7-25　孔隙水压力云图

由此可知：

（1）地震-渗流作用下，四种断面形式的黄土隧道结构关键点的水平加速度变化趋势相似，并且水平加速度峰值均为拱顶最大，仰拱最小，圆形拱顶的水平加速度峰值最小，矩形拱顶的水平加速度峰值最大。

（2）地震-渗流作用下，四种断面形式的黄土隧道结构关键点的水平位移响应均滞后于加速度响应，各断面隧道结构关键点水平位移峰值均在拱顶，圆形拱顶的水平位移峰值最小，矩形拱顶的水平位移峰值最大。

（3）地震-渗流作用下，四种断面形式的黄土隧道结构关键点的第一主应力主要分布在拱顶和仰拱，矩形第一主应力最大，圆形最小。各断面隧道结构的第三主应力分布区别较大，圆形和曲墙形的第三主应力分布均匀，最大值出现在拱腰附近，矩形和直墙拱形的第三主应力表现出明显的应力集中现象，矩形的第三主应力集中在隧道拱肩和拱脚两侧，直墙拱形的第三主应力集中在拱脚两侧。矩形的第三主应力最大，圆形的第三主应力最小。

（4）地震-渗流作用下，不四种断面形式的黄土隧道的孔隙水压力沿隧道深度增大，数值差别较小，断面形式对隧道孔隙水压力影响不大。

综上所述，地震-渗流作用下，圆形断面动力响应最小，曲墙形和直墙拱形次之，矩形最大。圆形断面为合理断面形式。

7.4　地震-列车荷载下黄土隧道断面形式研究

随着高速铁路的快速发展，铁路隧道工程的建设也不断增多，高速列车荷载对隧道结构的动力稳定性提出了更高的要求。高速列车荷载已经成为隧道振动研究的基本问题之一。本章对四种断面形式黄土隧道在地震-列车荷载共同作用下的动力响应进行数值分析。通过对提取衬砌关键点的加速度、位移、应力进行比较分析，得到地震-列车荷载作用下各断面形式黄土隧道动力响应特点。

7.4.1　高速列车荷载

在模拟列车荷载时应该充分考虑列车轴重、悬挂质量、轨道组成、线路平顺及行车速度等方面的影响。英国铁路技术中心的理论和测试研究表明[5]，由于各种轨道不平顺及轮周局部缺陷是引起竖向轮轨力的主要原因，并且竖向轮轨力主要集中在 3 个频率范围内。

（1）低频范围，5～10Hz，该部分频率基本由车体对悬挂的相对运动产生。

（2）中频范围，30～60Hz，该部分频率由钢轨对簧下车轮的回弹作用产生。

（3）高频范围，100～400Hz，该部分频率由轮轨接触面抵抗钢轨的运动产生。

确定列车激振力的方法通常有现场实测和采用经验公式模拟，对于高速列车荷载，目前一般采用后者。现有的结论和数据表明，用一个激励力函数模拟列车荷载是完全可行的。文献[6]将列车荷载简化为一个包含振动幅值和频率的指数函数形式，并通过 Fourier 级数反映不同轮组在不同时间、不同位置的情形；文献通过钢轨的受迫振动分析，将列车荷载模拟成与轮重、钢轨支承条件、轨枕间距及车速等相关的静载与附加动载之和。文献[7]依据振动荷载产生机理，对现有的列车荷载表达式进行了完善。完善后的表达式，不仅考虑了轮轨力在轨道上的移动和叠加效应，而且充分考虑了轨道不平顺和钢轨的分散作用等影响因素，拟采用这种激励模型，具体表达式为

$$P(t) = k_1 k_2 \left(P_0 + P_1 \sin \omega_1 t + P_2 \sin \omega_2 t + P_3 \sin \omega_3 t \right) \qquad (7\text{-}3)$$

式中，P_1, P_2, P_3 为振动荷载，分别对应于表 7-11 中①、②、③三种控制条件的某一典型值；k_1 为相邻轮轨力叠加系数，一般为 1.2～1.7；k_2 为钢轨分散系数，一般为 0.6～0.9；P_0 为车辆静载；t 为时间；ω_1、ω_2 和 ω_3 为振动圆频率。

令列车簧下质量为 M_0，则相应的振动荷载幅值为

$$P_t = M_0 a_i \omega_i^2, \quad i=1, 2, 3 \qquad (7\text{-}4)$$

式中，a_i 对应于表 7-11 中①、②、③三种不平顺控制条件的典型矢高；ω_i 为不平顺控制条件下的振动圆频率，计算式为：$\omega_i = 2\pi v / L_i$，其中 v 为列车运行速度；L_i 为几何不平顺曲线的典型波长，对应表 7-11 中①、②、③三种情况。

表 7-11　英国轨道几何不平顺管理值

控制条件	波长/m	正矢/mm
按行车平顺性①	50.0	16.0
	20.0	9.0
	10.0	5.0
按作用到线路上的动力附加荷载②	5.0	2.5
	2.0	0.6
	1.0	0.3
波形磨耗③	0.5	0.1
	0.05	0.005

　　列车轴重与线路设计等级密切相关，不同国家对高速列车轴重限值的规定也不一样。国外高速铁路所要求的轴重一般为 $16 \sim 17t$，模拟列车激励荷载采用的参数[7]，单边静轮重 $P_0 = 80kN$，簧下质量取为 $M_0 = 750kg$，列车速度取 $v = 320km/h$，对应于表 7-11 中①，②，③三种控制条件取其典型的不平顺振动波长和相应的矢高为：$L_1 = 10m$，$a_1 = 3.5mm$；$L_2 = 2m$，$a_2 = 0.4mm$；$L_3 = 0.5m$，$a_3 = 0.08mm$，对应于 $v = 180 \sim 320km/h$ 的车速，其低频、中频、高频的范围分别为 $5 \sim 9Hz$，$25 \sim 45Hz$ 和 $100 \sim 200Hz$。符合上述的试验规律，激励为一不规则波形，如图 7-26 所示。

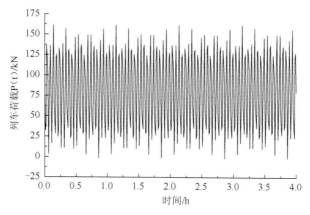

图 7-26　模拟的列车荷载时程

　　为从一般意义上揭示四种断面形式黄土隧道结构在地震-列车荷载作用下的动力响应，列车行驶考虑的是基本的工况。数值计算时，列车考虑单向行驶，其他材料参数、地震波、边界条件及关键点位置同前。

7.4.2　地震-列车荷载下不同断面形式黄土隧道的动力响应

　　1. 圆形断面

　　（1）加速度计算结果。本章同样选取地震加速度峰值时刻 2.12s 的结果进行分析。图 7-27 为圆形隧道结构在地震-车辆荷载作用下 2.12s 时刻的加速度云图，

图7-28～图7-33为圆形隧道结构关键点的水平加速度时程曲线和竖向加速度时程曲线。表 7-12 为关键点的加速度峰值。

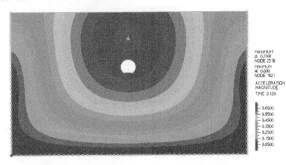

图 7-27 加速度云图

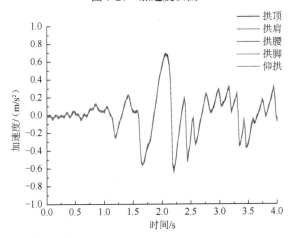

图 7-28 关键点水平加速度时程曲线

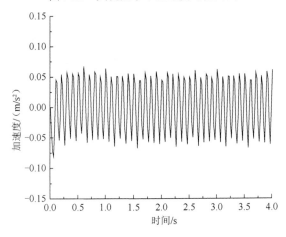

图 7-29 拱顶竖向加速度时程曲线

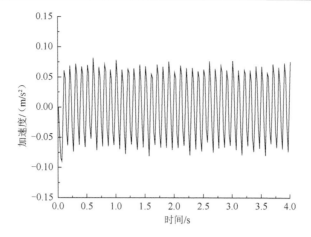

图 7-30　拱肩竖向加速度时程曲线

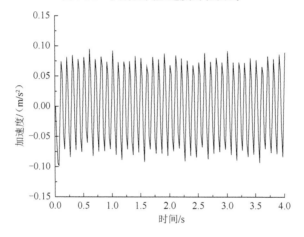

图 7-31　拱腰竖向加速度时程曲线

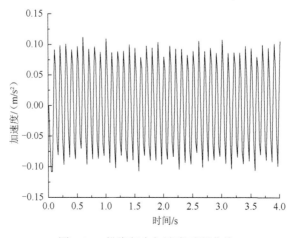

图 7-32　拱脚竖向加速度时程曲线

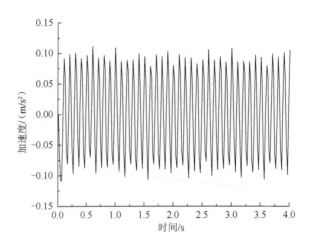

图 7-33　仰拱竖向加速度时程曲线

表 7-12　关键点加速度峰值　　　　　　　　（单位：m/s²）

项目	拱顶	拱肩	拱腰	拱脚	仰拱
水平加速度	0.683	0.689	0.694	0.672	0.665
竖向加速度	0.081	0.090	0.098	0.112	0.126

根据图 7-28～图 7-33 及表 7-12 可知：①在地震-列车荷载作用下的 2.12s 时刻，圆形隧道结构的加速度响应主要以水平加速度为主，隧道横断面区域的加速度集中在 0.650m/s² 左右，加速度峰值位于隧道拱顶，达到 0.709m/s²。②圆形隧道结构各关键点水平加速度变化趋势基本一致，并且与输入的地震波有很高的相似性，说明选取的地震波类型对隧道的水平加速度影响较大。数值方面，拱顶水平加速度峰值最大，达到 0.683m/s²，仰拱水平加速度峰值最小，为 0.665m/s²，比拱顶减小 2.6%。③圆形隧道结构关键点竖向加速度时程变化趋势基本一致，竖向加速度沿拱顶到仰拱逐渐增大，这是因为仰拱位置直接受列车荷载的作用导致。拱顶竖向加速度为 0.081m/s²，仰拱竖向加速度为 0.126m/s²，比拱顶增大 55.5%。

（2）位移计算结果。图 7-34、图 7-35 分别为圆形隧道结构关键点在地震-列车荷载作用下的水平位移时程曲线和竖向位移时程曲线。表 7-13 为关键点的位移峰值。

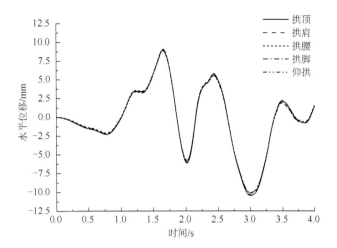

图 7-34　关键点水平位移时程曲线

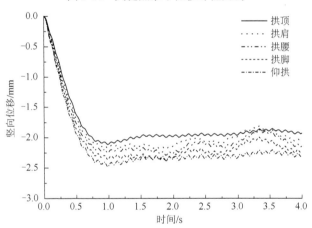

图 7-35　关键点竖向位移时程曲线

表 7-13　关键点位移峰值　　　　　　　　（单位：mm）

项目	拱顶	拱肩	拱腰	拱脚	仰拱
水平正向峰值	9.00	9.08	9.11	8.92	8.88
水平负向峰值	10.41	10.34	10.05	10.02	10.09
竖向峰值	2.11	2.20	2.30	2.39	2.48

　　根据图 7-34、图 7-35 及表 7-13 可知：①在地震-列车荷载作用下，圆形隧道结构各关键点水平位移时程变化有很高的相似性。拱腰水平正向位移最大，为9.11mm，仰拱水平正向位移最小，为 8.88mm，比拱腰减小 2.5%。拱顶的水平负向位移峰值最大，为 10.41mm；拱脚的水平负向位移峰值最小，为 10.02mm，比拱顶减小 3.7%。②圆形隧道结构各关键点竖向位移时程变化规律基本一致，各关键点在地震-列车荷载作用时间第 1s 的竖向位移基本呈线性增长，1s 之后竖向位

移呈振荡变化，并且拱肩、拱腰及拱脚振荡幅度比拱顶及仰拱明显。圆形隧道结构关键点竖向位移沿拱顶至仰拱逐渐增大，拱顶竖向位移峰值为 2.11mm，仰拱竖向位移峰值为 2.48mm，比拱顶增大 17.5%。③比较圆形隧道在地震–列车荷载作用下产生的位移可知，水平位移为主要位移。

（3）应力计算结果。图 7-36、图 7-37 分别为圆形隧道结构在地震–列车荷载作用下 2.12s 时刻的第一主应力和第三主应力云图。

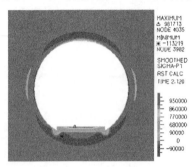 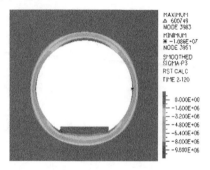

图 7-36　第一主应力云图　　　　　　图 7-37　第三主应力云图

根据图 7-36、图 7-37 可知，在地震加速度最大时刻，圆形隧道结构在拱顶和仰拱处的第一主应力较大，最大值出现在仰拱轨道板处，为 981kPa，第三主应力沿隧道断面分布比较均匀，且在两侧拱腰处数数值较大，拱顶和仰拱数值较小，最大值出现在右侧拱腰处，为 10860kPa。

2. 曲墙形断面

（1）加速度计算结果。图 7-38 为曲墙形隧道结构在地震–列车荷载作用下 2.12s 时刻的加速度云图，图 7-39～图 7-44 为曲墙形隧道结构关键点的水平加速度时程曲线和竖向加速度时程曲线。表 7-14 为关键点的加速度峰值。

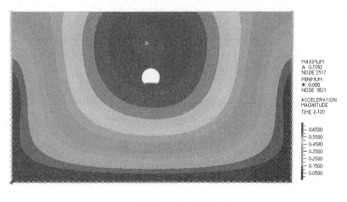

图 7-38　加速度云图

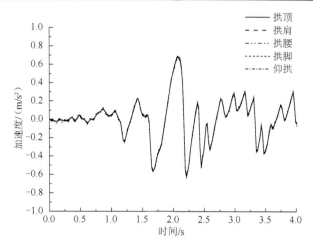

图 7-39　关键点水平加速度时程曲线

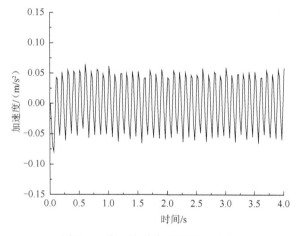

图 7-40　拱顶竖向加速度时程曲线

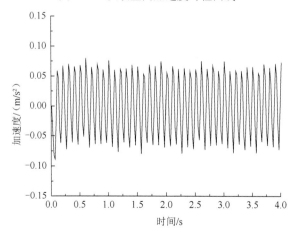

图 7-41　拱肩竖向加速度时程曲线

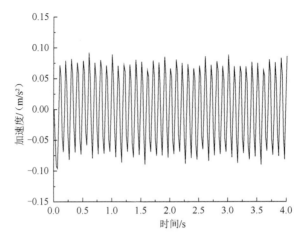

图 7-42　拱腰竖向加速度时程曲线

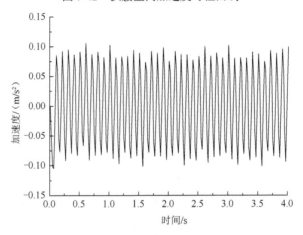

图 7-43　拱脚竖向加速度时程曲线

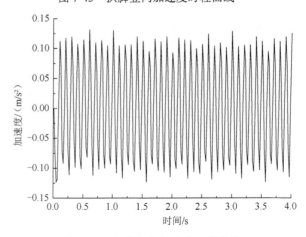

图 7-44　仰拱竖向加速度时程曲线

表 7-14　关键点加速度峰值　　　　　　（单位：m/s²）

项目	拱顶	拱肩	拱腰	拱脚	仰拱
水平加速度	0.683	0.690	0.693	0.673	0.667
竖向加速度	0.079	0.089	0.096	0.106	0.132

根据图 7-39～图 7-44 及表 7-14 可知，在地震-列车荷载作用下的 2.12s 时刻，曲形隧道结构的加速度响应与圆形隧道相似，主要以水平加速度为主，隧道横断面区域的水平加速度集中在 0.650m/s² 左右。曲墙形隧道结构各关键点水平加速度变化趋势与输入的地震波动规律具有很好的相似性。数值方面，拱腰水平加速度峰值最大，达到 0.693m/s²，仰拱水平加速度峰值最小，为 0.667m/s²，比拱顶减小3.7%。曲墙形隧道结构关键点竖向加速度随离开振动荷载距离的增大而减小，由仰拱向拱顶逐渐衰减。数值方面，拱顶竖向加速度为 0.079m/s²，仰拱竖向加速度为 0.132m/s²，比拱顶增大 67%。

（2）位移计算结果。图 7-45、图 7-46 分别为曲墙形隧道结构关键点在地震-列车荷载作用下的水平位移时程曲线和竖向位移时程曲线。表 7-15 为关键点的位移峰值。

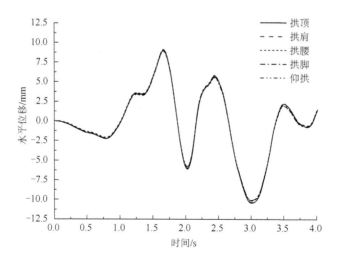

图 7-45　关键点水平位移时程曲线

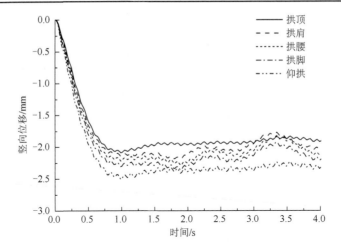

图 7-46　关键点竖向位移时程曲线

表 7-15　关键点位移峰值　　　　　　　　（单位：mm）

项目	拱顶	拱肩	拱腰	拱脚	仰拱
水平正向峰值	9.01	9.09	9.12	8.94	8.90
水平负向峰值	10.42	10.35	10.11	10.07	10.13
竖向峰值	2.09	2.19	2.28	2.36	2.51

　　根据图 7-45、图 7-46 及表 7-15 可知，在地震-列车荷载作用下，曲墙形隧道结构各关键点水平位移时程变化有很高的相似性。拱腰水平正向位移最大，为 9.12mm；仰拱水平正向位移最小，为 8.90mm，比拱腰减小 2.4%。拱顶的水平负向位移峰值最大，为 10.42mm；拱脚的水平负向位移峰值最小，为 10.07mm，与拱顶相比降低 3.3%。曲墙形隧道结构各关键点竖向位移时程变化规律基本一致。竖向位移沿拱顶至仰拱逐渐增大，拱顶竖向位移峰值为 2.09mm，仰拱竖向位移峰值为 2.51mm，仰拱比拱顶增大 15.0%。

　　（3）应力计算结果。图 7-47、图 7-48 分别为曲墙形隧道结构在地震-列车荷载作用下 2.12s 时刻的第一主应力和第三主应力云图。

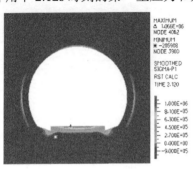

图 7-47　第一主应力云图

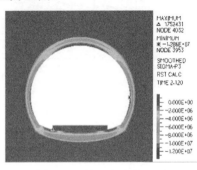

图 7-48　第三主应力云图

根据图 7-47、图 7-48 可知，在地震加速度最大时刻，曲墙形隧道结构在拱顶和仰拱处的第一主应力较大，最大值出现在仰拱轨道板处，为 1066kPa，第三主应力沿隧道断面分布比较均匀，且在两侧拱腰处数值较大，拱顶和仰拱数值较小，最大值出现在右侧拱腰，为 12860kPa。

3. 矩形断面

（1）加速度计算结果。图 7-49 为矩形隧道结构在地震-列车荷载作用下 2.12s 时刻的加速度云图，图 7-50～图 7-55 为矩形隧道结构关键点的水平加速度时程曲线和竖向加速度时程曲线。表 7-16 为关键点的加速度峰值。

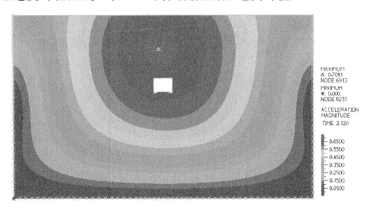

图 7-49　加速度云图

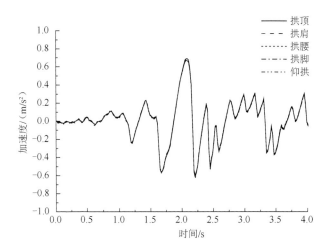

图 7-50　关键点水平加速度时程曲线

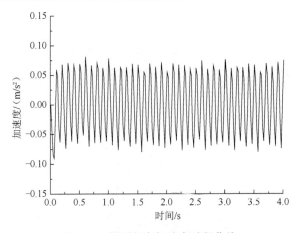

图 7-51 拱顶竖向加速度时程曲线

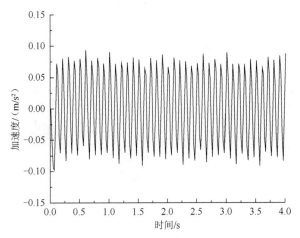

图 7-52 拱肩竖向加速度时程曲线

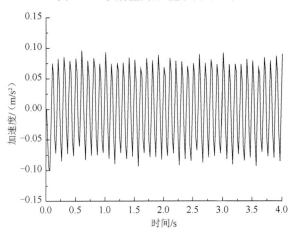

图 7-53 拱腰竖向加速度时程曲线

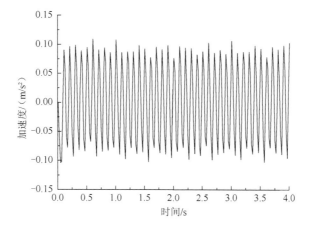

图 7-54   拱脚竖向加速度时程曲线

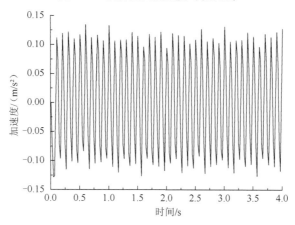

图 7-55   仰拱竖向加速度时程曲线

表 7-16   关键点加速度峰值   （单位：m/s²）

项目	拱顶	拱肩	拱腰	拱脚	仰拱
水平加速度	0.688	0.693	0.696	0.670	0.669
竖向加速度	0.090	0.098	0.099	0.109	0.135

根据图 7-49～图 7-55 及表 7-16 可知，矩形隧道结构的加速度响应与圆形及曲墙形隧道相似，地震加速度最大时刻，隧道横断面加速度集中在 0.650m/s² 左右。矩形隧道各关键点的水平加速度响应与地震波动相似。数值方面，仰拱水平加速度峰值最小，为 0.669m/s²，拱腰水平加速度峰值最大，为 0.696m/s²，比仰拱增大4.0%。矩形隧道结构各关键点竖向加速度时程变化趋势保持一致，竖向加速度沿拱顶到仰拱逐渐增大，这是因为仰拱位置直接受列车荷载的作用。拱顶竖向加速度为 0.090m/s²，仰拱竖向加速度为 0.135m/s²，比拱顶增大 50%。

（2）位移计算结果。图 7-56、图 7-57 分别为矩形隧道结构关键点在地震-列车荷载作用下的水平位移时程曲线和竖向位移时程曲线。表 7-17 为关键点的位移峰值。

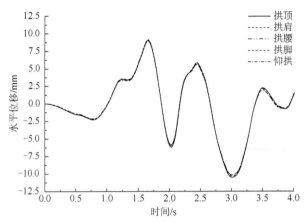

图 7-56　关键点水平位移时程曲线

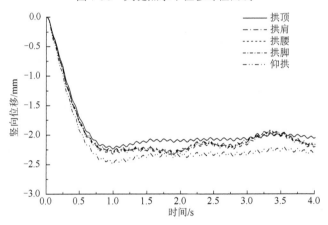

图 7-57　关键点竖向位移时程曲线

表 7-17　关键点位移峰值　　　　　　　　（单位：mm）

项目	拱顶	拱肩	拱腰	拱脚	仰拱
水平正向峰值	9.05	9.14	9.07	8.93	8.92
水平负向峰值	10.50	10.32	10.16	10.17	10.17
竖向峰值	2.24	2.31	2.33	2.35	2.52

根据图 7-56、图 7-57 及表 7-17 可知，在地震-列车荷载作用下，矩形隧道各关键点水平位移时程变化有很高的相似性。拱肩水平正向位移最大，为 9.14mm，仰拱水平正向位移最小，为 8.92mm，与拱肩相比降低 2.4%。拱顶的水平负向位移峰值最大，为 11.11mm，拱肩、拱脚及仰拱的水平负向位移峰值最小，为 10.72mm，与拱顶相比降低 3.5%。矩拱形隧道结构关键点竖向位移时程变化规律

基本一致，各关键点在地震-列车荷载作用第 1s 的竖向位移基本呈线性增长，1s 之后竖向位移呈振荡变化，并且拱肩、拱腰及拱脚振荡幅度比拱顶及仰拱略大。竖向位移沿拱顶到仰拱逐渐增大，拱顶竖向位移峰值为 2.24mm，仰拱竖向位移峰值为 2.52mm，比拱顶增大 12.5%。

（3）应力计算结果。图 7-58、图 7-59 分别为矩形隧道结果在地震-列车荷载作用下 2.12s 时刻的第一主应力和第三主应力云图。

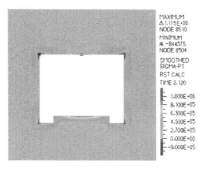 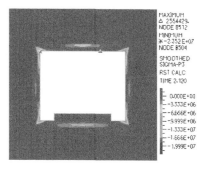

图 7-58　第一主应力云图　　　　　　　　图 7-59　第三主应力云图

由图 7-58、图 7-59 可知，地震加速度最大时刻，矩形隧道结构的第一主应力主要分布在拱顶、仰拱及横断面四个边角处，第一主应力最大值出现在拱顶，峰值为 1115kPa。第三主应力同样分布在横断面四个边角处，第三主应力最大值出现在左拱肩，峰值为 23520kPa。由此可知，地震-列车荷载作用下，矩形隧道结果横断面四个边角仍是最为薄弱的位置，容易发生受拉和受压破坏。

4. 直墙拱形断面

（1）加速度计算结果。图 7-60 为直墙拱形隧道结构在地震-列车荷载作用下 2.12s 时刻的加速度云图，图 7-61～图 7-66 为直墙拱形隧道结构关键点的水平加速度时程曲线和竖向加速度时程曲线。表 7-18 为关键点的加速度峰值。

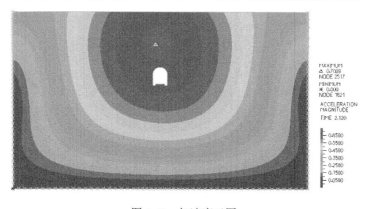

图 7-60　加速度云图

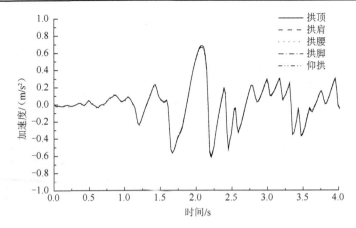

图 7-61　关键点水平加速度时程曲线

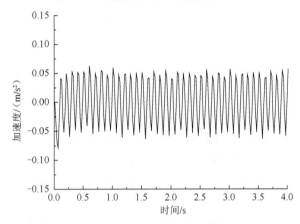

图 7-62　拱顶竖向加速度时程曲线

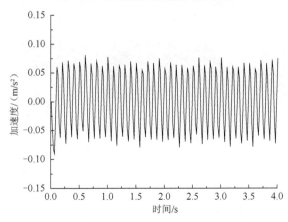

图 7-63　拱肩竖向加速度时程曲线

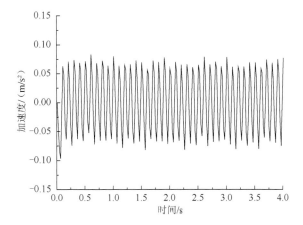

图 7-64　拱腰竖向加速度时程曲线

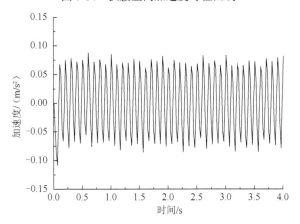

图 7-65　拱脚竖向加速度时程曲线

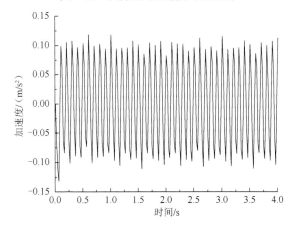

图 7-66　仰拱竖向加速度时程曲线

表 7-18　关键点加速度峰值　　　　　　（单位：m/s²）

项目	拱肩	拱腰	拱脚	仰拱
水平加速度	0.691	0.694	0.676	0.664
竖向加速度	0.090	0.094	0.106	0.130

根据图 7-61～图 7-66 及表 7-18 可知，在地震-列车荷载作用下的 2.12s 时刻，直墙拱形隧道结构的加速度响应以水平加速度为主，并且各关键点水平加速度变化趋势与输入的地震波动规律具有很好的相似性。数值方面，拱腰水平加速度峰值最大，为 0.694m/s²，仰拱水平加速度峰值最小，为 0.664m/s²，比拱顶减小了4.3%。直墙拱形隧道结构各关键点竖向加速度时程变化规律基本相同，竖向加速度随离开振动荷载距离的增大而减小，由仰拱向拱顶逐渐衰减。数值方面，拱顶竖向加速度为 0.078m/s²，仰拱竖向加速度为 0.130m/s²，比拱顶增大 66%。

（2）位移计算结果。图 7-67、图 7-68 分别为直墙形隧道结构关键点在地震-列车荷载作用下的水平位移时程曲线和竖向位移时程曲线。表 7-19 为关键点的位移峰值。

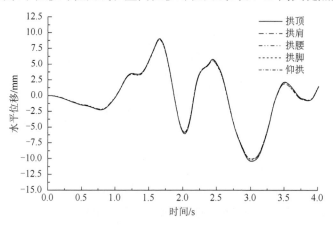

图 7-67　关键点水平位移时程曲线

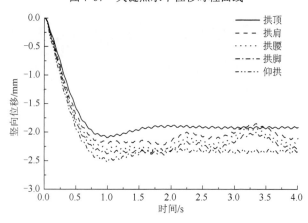

图 7-68　关键点竖向位移时程曲线

表 7-19　关键点位移峰值　　　　　　　（单位：mm）

项目	拱顶	拱肩	拱腰	拱脚	仰拱
水平正向峰值	9.02	9.08	9.15	8.90	8.89
水平负向峰值	10.41	10.37	10.09	10.07	10.09
竖向峰值	2.07	2.19	2.30	2.36	2.50

根据图 7-67、图 7-68 及表 7-19 可知，在地震-列车荷载作用下，直墙拱形隧道结构各关键点水平位时程变化规律基本相同。拱腰水平正向位移峰值最大，为 9.15mm，仰拱水平正向位移峰值最小，为 8.89mm，比拱腰减小 2.8%。拱顶水平负向位移峰值最大，为 10.41mm，拱脚水平负向位移峰值最小，为 10.07mm，与拱顶相比降低 3.2%。直墙拱形隧道结构各关键点竖向位移时程变化规律基本一致，各关键点在地震-列车荷载作用第 1s 的竖向位移变化最为明显，基本呈线性增长，表现出列车荷载作用下明显的冲击响应特性，1s 之后各关键点竖向位移呈振荡变化，并且拱肩、拱腰及拱脚的振荡幅度比拱顶及仰拱略大。竖向位移沿拱顶到仰拱逐渐增大，拱顶竖向位移峰值为 2.07mm，仰拱竖向位移峰值为 2.50mm，比拱顶增大 17.2%。

（3）应力计算结果。图 7-69、图 7-70 分别为矩形隧道结构在地震-列车荷载作用下 2.12s 时刻的第一主应力和第三主应力云图。

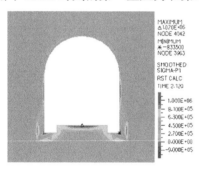
图 7-69　第一主应力云图

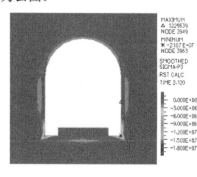
图 7-70　第三主应力云图

根据图 7-69、图 7-70 可知，在地震加速度最大时刻，直墙拱形隧道结构在仰拱和拱脚两侧的第一主应力较大，最大值出现在仰拱处，大小为 1070kPa，第三主应力在两侧拱脚较大，拱顶和仰拱数值较小，最大值出现在右侧拱脚，大小为 21070kPa。

由此可知：

（1）地震-列车荷载作用下，四种断面形式的黄土隧道的加速度时程曲线变化趋势基本一致，各断面隧道结构关键点的水平加速度峰值均位于拱腰，竖向加速度均沿拱顶至仰拱逐渐增大。各断面隧道结构关键点的水平加速度差值很小，圆形仰拱的竖向加速度峰值最小，矩形仰拱竖向加速度峰值最大。

（2）地震–列车荷载作用下，四种断面形式的黄土隧道关键点的水平位移峰值均在拱顶，圆形水平位移峰值最小，矩形水平位移峰值最大，各断面隧道关键点的竖向位移均沿拱顶到仰拱逐渐增大，圆形仰拱的竖向位移峰值最小，矩形仰拱的竖向位移峰值最大。

（3）地震–列车荷载作用下，四种断面形式的黄土隧道结构的第一主应力主要分布在拱顶和仰拱，圆形的第一主应力最小，矩形的第一主应力最大。各断面隧道结构的第三主应力分布区别较大，圆形和曲墙形的第三主应力分布均匀，主要分布在两侧拱腰，矩形和直墙拱形的第三主应力表现出应力集中现象，矩形的第三主应力集中在隧道拱肩和拱脚两侧，直墙拱形的第三主应力集中在拱脚两侧，圆形的第三主应力最小，矩形的第三主应力最大。

综上所述，地震–列车荷载作用下，圆形断面动力响应最小，曲墙形和直墙拱形次之，矩形最大。

7.5　地震–渗流–列车荷载下黄土隧道断面形式研究

本节首先建立地震–列车荷载共同作用的结构模型，然后与雨水渗流作用的流体模型进行计算，得到地震–渗流–列车荷载作用下不同断面形式黄土隧道结构的动力响应规律。

1. 圆形断面

（1）加速度计算结果。本章选取地震加速度峰值时刻 2.12s 的结果进行分析。图 7-71 为圆形隧道结构在地震–渗流–车辆荷载作用下 2.12s 时刻的加速度云图，图 7-72～图 7-77 为圆形隧道结构关键点的水平加速度时程曲线和竖向加速度时程曲线。表 7-20 为关键点的加速度峰值。

图 7-71　加速度云图

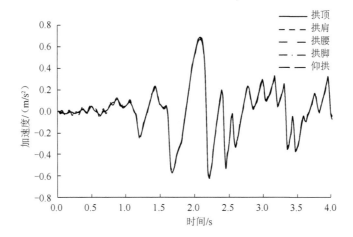

图 7-72　关键点水平加速度时程曲线

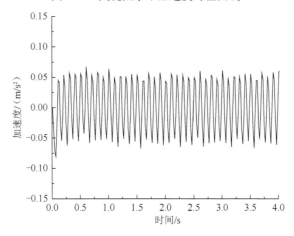

图 7-73　拱顶竖向加速度时程曲线

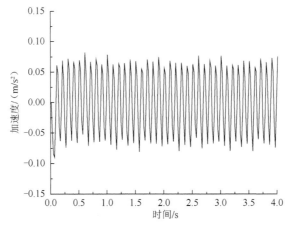

图 7-74　拱肩竖向加速度时程曲线

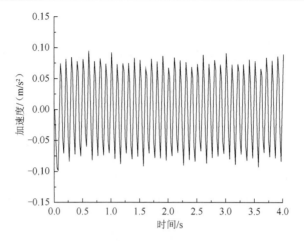

图 7-75　拱腰竖向加速度时程曲线

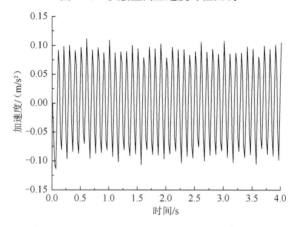

图 7-76　拱脚竖向加速度时程曲线

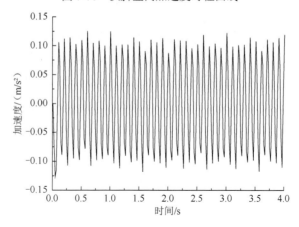

图 7-77　仰拱竖向加速度时程曲线

表 7-20　关键点加速度峰值　　　　　　（单位：m/s²）

项目	拱顶	拱肩	拱腰	拱脚	仰拱
水平加速度	0.683	0.689	0.690	0.672	0.664
竖向加速度	0.080	0.090	0.098	0.112	0.126

根据图 7-71～图 7-77 及表 7-20 可知：①在地震-渗流-列车荷载作用下的 2.12s 时刻，圆形隧道结构的加速度响应主要以水平加速度为主，竖向加速度影响较小。隧道横断面区域的加速度集中在 0.650m/s² 左右，拱顶上方 15m 左右加速度最大，达到 0.709m/s²。②圆形隧道结构各关键点水平加速度变化趋势基本一致，并且与输入的地震动有很高的相似性，说明选取的地震波类型对隧道的水平加速度影响较大。数值方面，拱腰水平加速度峰值最大，为 0.690m/s²，仰拱水平加速度峰值最小，为 0.664m/s²，比拱肩减小 3.4%。③圆形隧道结构关键点竖向加速度沿拱顶到仰拱逐渐增大，因为仰拱位置直接受列车荷载的作用导致。拱顶竖向加速度为 0.080m/s²，仰拱竖向加速度为 0.126m/s²，比拱顶增大 57%。

（2）位移计算结果。图 7-78、图 7-79 分别为圆形隧道结构关键点在地震-渗流-列车荷载作用下的水平位移时程曲线和竖向位移时程曲线。表 7-21 为关键点的位移峰值。

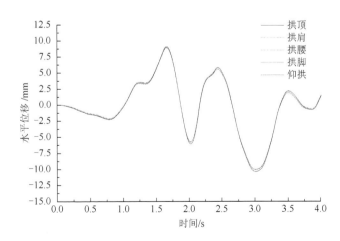

图 7-78　关键点水平位移时程曲线

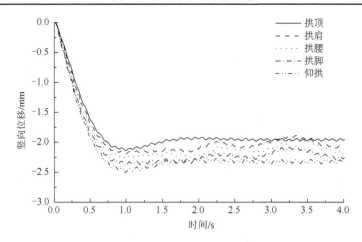

图 7-79　关键点竖向位移时程曲线

表 7-21　关键点位移峰值　　　　（单位：mm）

项目	拱顶	拱肩	拱腰	拱脚	仰拱
水平正向峰值	9.01	9.09	9.12	8.93	8.89
水平负向峰值	10.41	10.34	10.05	10.02	10.09
竖向峰值	2.14	2.20	2.27	2.38	2.50

　　根据图 7-78、图 7-79 及表 7-21 可知：①在地震-渗流-列车荷载作用下，圆形隧道结构各关键点水平位移时程变化有很高的相似性。拱腰水平正向位移最大，为 9.12mm，仰拱水平正向位移最小，为 8.89mm，与拱顶相比减小 2.5%。拱顶的水平负向位移峰值最大，为 10.41mm；拱脚的水平负向位移峰值最小，为 10.02mm，与拱顶相比减小 3.7%。②圆形隧道结构各关键点竖向位移时程变化规律基本一致，各关键点在地震-渗流-列车荷载作用第 1s 的竖向位移基本呈线性增长，1s 之后竖向位移呈振荡变化，并且拱肩、拱腰及拱脚振荡幅度比拱顶及仰拱略大。竖向位移沿拱顶到仰拱逐渐增大，拱顶竖向位移峰值为 2.14mm，仰拱竖向位移峰值为 2.50mm，比拱顶增大 16.8%。③比较圆形隧道在地震-渗流-列车荷载作用下产生的位移可知，地震作用对隧道位移响应起主导作用，水平位移为主要位移。

　　（3）应力计算结果。图 7-80、图 7-81 分别为圆形隧道结构在地震-渗流-列车荷载作用下 2.12s 时刻的第一主应力和第三主应力云图。

　　根据图 7-80、图 7-81 可知，在地震加速度最大时刻，圆形隧道结构在仰拱轨道板位置的第一主应力较大，最大值为 988kPa，第三主应力沿隧道断面分布比较均匀，两侧拱腰位置的第三主应力较大，拱顶和仰拱数值较小，最大值出现在右侧拱腰处，为 11180kPa。

　　（4）孔隙水压力计算结果。图 7-82 为圆形隧道结构的孔隙水压力云图。由图 7-82 可知，圆形隧道在 100mm 的降水量作用下，孔隙水压力呈分层分布，并且随着深度的增大而增大。隧道断面所处的孔隙水压力范围为 0.3～0.6MPa。

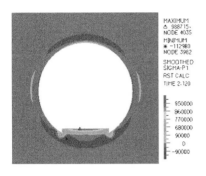
图 7-80　第一主应力云图

图 7-81　第三主应力云图

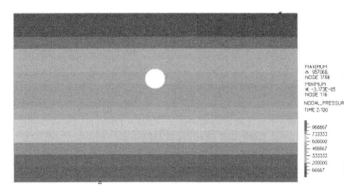
图 7-82　孔隙水压力云图

2. 曲墙形断面

（1）加速度计算结果。图 7-83 为曲墙形隧道结构在地震–渗流–列车荷载作用下 2.12s 时刻的加速度云图，图 7-84～图 7-89 为曲墙形隧道结构关键点的水平加速度时程曲线和竖向加速度时程曲线。表 7-22 为关键点的加速度峰值。

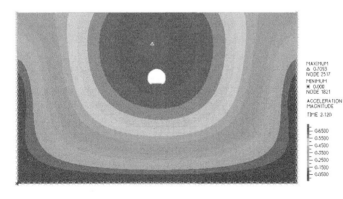
图 7-83　加速度云图

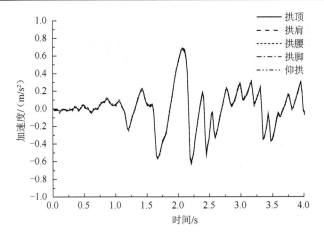

图 7-84　关键点水平加速度时程曲线

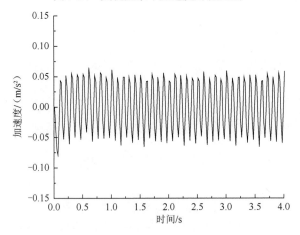

图 7-85　拱顶竖向加速度时程曲线

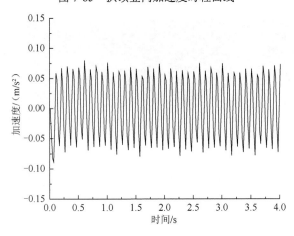

图 7-86　拱肩竖向加速度时程曲线

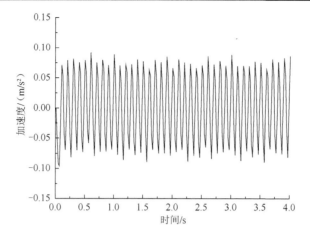

图 7-87　拱腰竖向加速度时程曲线

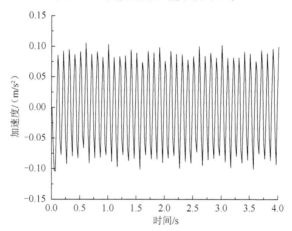

图 7-88　拱脚竖向加速度时程曲线

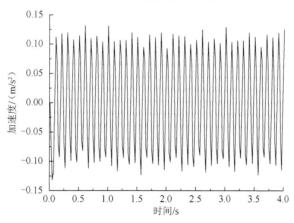

图 7-89　仰拱竖向加速度时程曲线

表 7-22　　关键点加速度峰值　　　　　　（单位：m/s²）

项目	拱顶	拱肩	拱腰	拱脚	仰拱
水平加速度	0.684	0.690	0.694	0.674	0.667
竖向加速度	0.080	0.089	0.096	0.115	0.131

　　根据图 7-83～图 7-89 及表 7-22 可知，在地震-渗流-列车荷载作用下的 2.12s 时刻，曲形隧道结构的加速度响应与圆形隧道相似，加速度峰值出现在拱顶正上方 15m 左右，为 0.709m/s²。曲墙形隧道结构各关键点水平加速度变化趋势与输入的地震动规律具有很好的相似性。数值方面，拱腰水平加速度峰值最大，为 0.694m/s²，仰拱水平加速度峰值最小，为 0.667m/s²，比拱腰减小了 3.9%。曲墙形隧道结构关键点的竖向加速度随离开振动荷载距离的增大而减小，由仰拱向拱顶逐渐衰减。数值方面，拱顶竖向加速度为 0.080m/s²，仰拱竖向加速度为 0.131m/s²，比拱顶增大 64%。

　　（2）位移计算结果。图 7-90、图 7-91 分别为曲墙形隧道结构关键点在地震-渗流-列车荷载作用下的水平位移时程曲线和竖向位移时程曲线。表 7-23 为关键点的位移峰值。

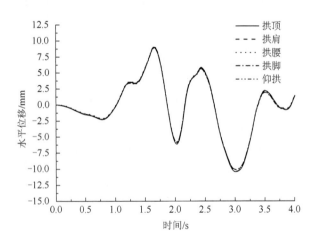

图 7-90　关键点水平位移时程曲线

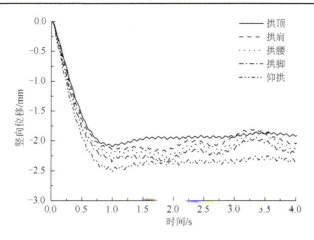

图 7-91　关键点竖向位移时程曲线

表 7-23　关键点位移峰值　　　　　　（单位：mm）

项目	拱顶	拱肩	拱腰	拱脚	仰拱
水平正向峰值	9.01	9.09	9.12	8.94	8.90
水平负向峰值	10.42	10.35	10.11	10.07	10.13
竖向峰值	2.14	2.19	2.28	2.36	2.51

根据图 7-90、图 7-91 及表 7-23 可知，在地震-列车荷载作用下，曲墙形隧道各关键点水平位移时程变化趋势保持一致。拱腰水平正向位移最大，为 9.12mm；仰拱水平正向位移最小，为 8.90mm，与拱腰相比降低 2.4%。拱顶的水平负向位移峰值最大，为 10.42mm；拱脚的水平负向位移峰值最小，为 10.07mm，与拱顶相比降低 3.3%。曲墙形隧道各关键点竖向位移时程变化规律基本一致，第 1s 的竖向位移基本呈线性增长，1s 之后竖向位移呈振荡变化，并且拱肩、拱腰及拱脚振荡幅度比拱顶及仰拱略大。竖向位移沿拱顶至仰拱逐渐增大，拱顶竖向位移峰值为 2.14mm，仰拱竖向位移峰值为 2.51mm，仰拱比拱顶增大 17.3%。

（3）应力计算结果。图 7-92、图 7-93 分别为曲墙形隧道结构在地震-列车荷载作用下 2.12s 时刻的第一主应力和第三主应力云图。

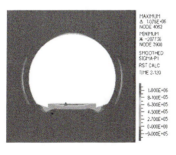

图 7-92　第一主应力云图

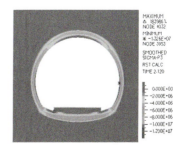

图 7-93　第三主应力云图

根据图 7-92、图 7-93 可知，在地震加速度最大时刻，曲墙形隧道结构的第一主应力和第三主应力分布与圆形隧道相似。第一主应力主要分布在仰拱位置，最大值出现在轨道板位置，大小为 1076kPa；第三主应力沿隧道断面分布均匀，两侧拱腰位置的第三主应力较大，拱顶和仰拱数值较小，最大值出现在右侧拱腰处，大小为 13260kPa。

（4）孔隙水压力计算结果。图 7-94 为曲墙形隧道结构的孔隙水压力云图。由图 7-94 可知，曲墙形隧道在 100mm 的降水量作用下，孔隙水压力呈分层分布，并且随着深度的增大而增大。隧道断面所处的孔隙水压力范围介于 0.3～0.6MPa。

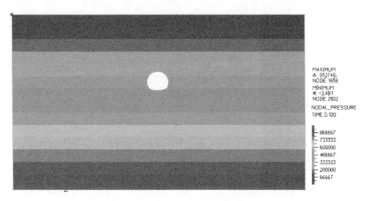

图 7-94　孔隙水压力云图

3. 矩形断面

（1）加速度计算结果。图 7-95 为矩形隧道结构在地震-渗流-列车荷载作用下 2.12s 时刻的加速度云图，图 7-96～图 7-101 为矩形隧道结构关键点的水平加速度时程曲线和竖向加速度时程曲线。表 7-24 为关键点的加速度峰值。

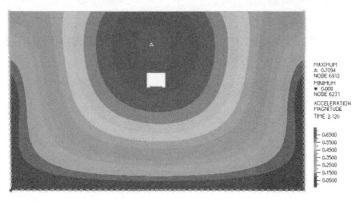

图 7-95　加速度云图

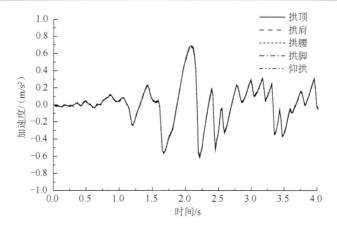

图 7-96　关键点水平加速度时程曲线

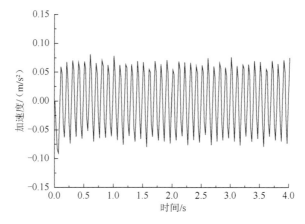

图 7-97　拱顶竖向加速度时程曲线

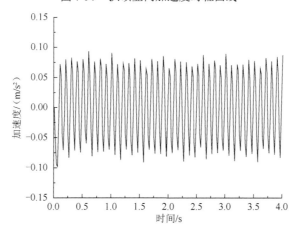

图 7-98　拱肩竖向加速度时程曲线

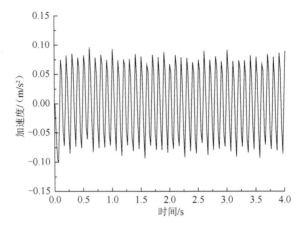

图 7-99　拱腰竖向加速度时程曲线

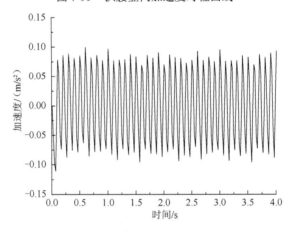

图 7-100　拱脚竖向加速度时程曲线

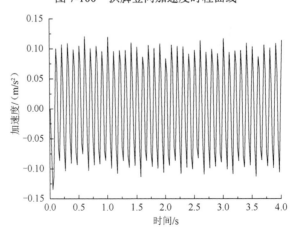

图 7-101　仰拱竖向加速度时程曲线

表 7-24　关键点加速度峰值　　　　　　（单位：m/s²）

项目	拱顶	拱肩	拱腰	拱脚	仰拱
水平加速度	0.688	0.692	0.696	0.680	0.669
竖向加速度	0.090	0.097	0.099	0.111	0.135

根据图 7-95～图 7-101 及表 7-24 可知，在地震–渗流–列车荷载作用下的 2.12s 时刻，矩形隧道结构的加速度响应主要以水平加速度为主，隧道横断面区域的加速度集中在 0.650m/s² 左右，加速度峰值位置在拱顶上方 15m 左右，为 0.709m/s²。矩形隧道结构各关键点水平加速度变化趋势与圆形和曲墙形相似，与输入的地震波动规律保持一致。数值方面，拱腰水平加速度峰值最大，为 0.696m/s²；仰拱水平加速度峰值最小，为 0.669m/s²，比拱腰减小 3.9%。矩形隧道关键点竖向加速度沿拱顶到仰拱逐渐增大。拱顶竖向加速度为 0.090m/s²，仰拱竖向加速度为 0.135m/s²，比拱顶增大 50%。

（2）位移计算结果。图 7-102、图 7-103 分别为矩形隧道结构关键点在地震–渗流–列车荷载作用下的水平位移时程曲线和竖向位移时程曲线。表 7-25 为关键点的位移峰值。

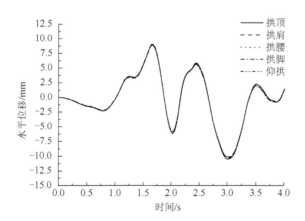

图 7-102　关键点水平位移时程曲线

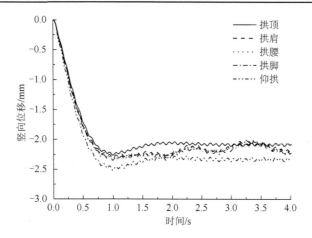

图 7-103　关键点竖向位移时程曲线

表 7-25　关键点位移峰值　　　　　　　　（单位：mm）

项目	拱顶	拱肩	拱腰	拱脚	仰拱
水平正向峰值	9.05	9.14	9.08	8.94	8.93
水平负向峰值	10.50	10.32	10.16	10.17	10.17
竖向峰值	2.26	2.31	2.33	2.35	2.52

根据图 7-102、图 7-103 及表 7-25 可知，在地震-渗流-列车荷载作用下，矩形隧道结构各关键点水平位移时程变化与其他三种断面形式相似。拱肩水平正向位移最大，为 9.14mm，仰拱水平正向位移最小，为 8.93mm，与拱肩相比降低 2.3%。拱顶的水平负向位移峰值最大，为 10.50mm，拱腰水平负向位移峰值最小，为 10.16mm，与拱顶相比降低 3.2%。矩拱形隧道结构各关键点竖向位移时程变化规律基本一致，各关键点在地震-渗流-列车荷载作用第 1s 的竖向位移基本呈线性增长，1s 之后竖向位移呈振荡变化，并且拱肩、拱腰及拱脚振荡幅度比拱顶及仰拱略大。竖向位移沿拱顶到仰拱逐渐增大，拱顶竖向位移峰值为 2.26mm，仰拱竖向位移峰值为 2.52mm，比拱顶增大 11.5%。

（3）应力计算结果。图 7-104、图 7-105 分别为矩形隧道结构在地震-渗流-列车荷载作用下 2.12s 时刻的第一主应力和第三主应力云图。

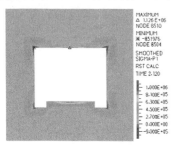

图 7-104　第一主应力云图

图 7-105　第三主应力云图

根据图 7-104、图 7-105 可知，在地震加速度最大时刻，矩形隧道结构第一主应力主要分布在拱顶、仰拱及横断面四个边角处，第一主应力最大值出现在拱顶，峰值为 1126kPa，第三主应力主要分布在隧道四个边角处，第三主应力最大值出现在左拱肩，峰值为 24820kPa。

（4）孔隙水压力计算结果。图 7-106 为矩形隧道结构的孔隙水压力云图。由图 7-106 可知，矩形隧道在 100mm 的降水量作用下，孔隙水压力分布与圆形和曲墙形隧道基本一致，孔隙水压力沿土层深度呈层状分布，并且随着深度的增大而增大。隧道断面所处的孔隙水压力范围介于 0.3～0.6MPa。

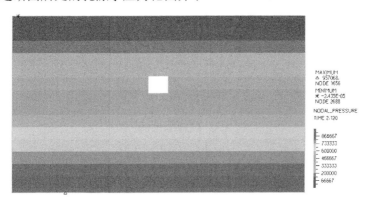

图 7-106　孔隙水压力云图

4. 直墙拱形断面

（1）加速度计算结果。图 7-107 为直墙拱形隧道结构在地震-渗流-列车荷载作用下 2.12s 时刻的加速度云图，图 7-108～图 7-113 为直墙拱形隧道结构关键点水平加速度时程曲线和竖向加速度时程曲线。表 7-26 为关键点水平和竖向加速度峰值。

图 7-107　加速度云图

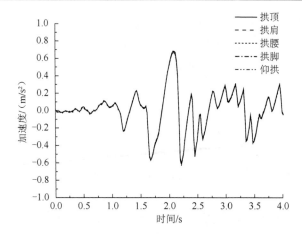

图 7-108　关键点水平加速度时程曲线

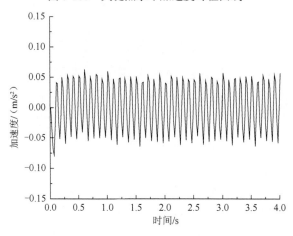

图 7-109　拱顶竖向加速度时程曲线

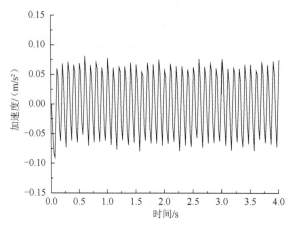

图 7-110　拱肩竖向加速度时程曲线

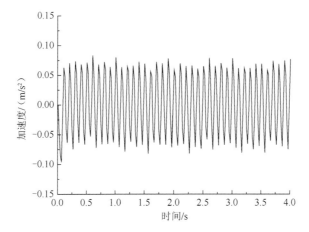

图 7-111 拱腰竖向加速度时程曲线

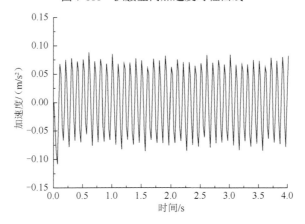

图 7-112 拱脚竖向加速度时程曲线

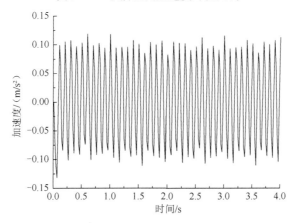

图 7-113 仰拱竖向加速度时程曲线

表 7-26　关键点的加速度峰值　　　　　（单位：m/s²）

项目	拱顶	拱肩	拱腰	拱脚	仰拱
水平加速度	0.686	0.692	0.694	0.676	0.666
竖向加速度	0.078	0.090	0.096	0.108	0.131

根据图 7-108～图 7-113 及表 7-26 可知，在地震-渗流-列车荷载作用下的 2.12s 时刻，直墙拱形隧道结构的加速度响应主要以水平加速度为主，加速度峰值位于拱顶上方 15m 左右，达到 0.709m/s²。直墙拱形隧道结构各关键点水平加速度变化趋势与输入的地震波动规律具有很好的相似性。数值方面，拱腰水平加速度峰值最大，为 0.694m/s²，仰拱水平加速度峰值最小，为 0.666m/s²，比拱腰减小 4.0%。直墙拱形隧道关键点的竖向加速度随离开振动荷载距离的增大而减小，拱顶竖向加速度为 0.078m/s²，仰拱竖向加速度为 0.131m/s²，比拱顶增大 68%。

（2）位移计算结果。图 7-114、图 7-115 分别为直墙形隧道结构关键点在地震-渗流-列车荷载作用下的水平位移时程曲线和竖向位移时程曲线。表 7-27 为关键点位移峰值。

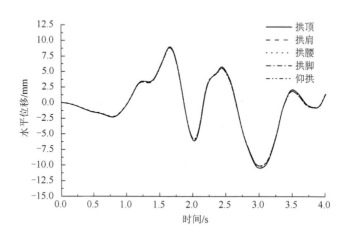

图 7-114　关键点水平位移时程曲线

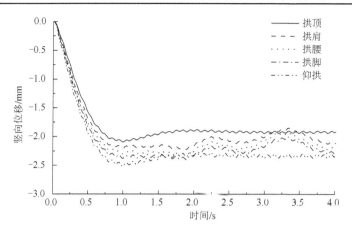

图 7-115　关键点竖向位移时程曲线

表 7-27　关键点位移峰值　　　　　　　（单位：mm）

项目	拱顶	拱肩	拱腰	拱脚	仰拱
水平正向峰值	9.02	9.08	9.15	8.90	8.89
水平负向峰值	10.42	10.37	10.10	10.09	10.12
竖向峰值	2.09	2.20	2.30	2.38	2.51

根据图 7-114、图 7-115 及表 7-27 可知，在地震-渗流-列车荷载作用下，直墙拱形隧道结构各关键点水平位时程变化规律基本相同。拱腰水平正向位移峰值最大，为 9.15mm；仰拱水平正向位移峰值最小，为 8.89mm，与拱腰相比降低 2.8%。拱顶水平负向位移峰值最大，为 10.42mm；拱脚水平负向位移峰值最小，为 10.09mm，比拱顶降低 3.2%。直墙拱形隧道结构各关键点竖向位移时程变化规律基本一致，各关键点在地震-渗流-列车荷载作用第 1s 的竖向位移变化最为明显，基本呈线性增长，表现出列车荷载作用下明显的冲击响应特性，1s 之后各关键点竖向位移呈振荡变化，并且拱肩、拱腰及拱脚的振荡幅度比拱顶及仰拱略大。竖向位移沿拱顶到仰拱逐渐增大，拱顶竖向位移峰值为 2.09mm，仰拱竖向位移峰值为 2.51mm，比拱顶增大 20.1%。

（3）应力计算结果。图 7-116、图 7-117 分别为直墙拱形隧道结构在地震-渗流-列车荷载作用下 2.12s 时刻的第一主应力和第三主应力云图。

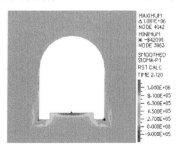

图 7-116　第一主应力云图

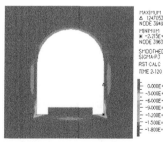

图 7-117　第三主应力云图

　　根据图 7-116、图 7-117 可知，在地震加速度最大时刻，直墙拱形隧道结构表现出明显的应力集中现象，第一主应力主要集中在仰拱轨道板和隧道底部两个拱脚位置，第三主应力主要集中在隧道底部两个拱脚。2.12s 时刻，仰拱轨道板中心的第一主应力最大，为 1081kPa，右拱脚的第三主应力最大，为 22150kPa。

　　（4）孔隙水压力计算结果。图 7-118 为直墙拱形隧道结构的孔隙水压力云图。由图 7-118 可知，直墙拱形隧道在 100mm 的降水量作用下，孔隙水压力呈分层分布，并且随着深度的增大而增大。隧道断面所处的孔隙水压力范围介于 0.3～0.6MPa。

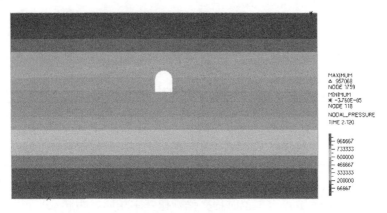

图 7-118　孔隙水压力云图

　　由此可知：

　　（1）地震-渗流-列车荷载作用下，四种断面形式的黄土隧道的加速度响应规律有高度的相似性，与输入的地震动密切相关。各断面隧道结构关键点的水平加速度峰值均在拱腰，其中，圆形拱腰的水平加速度最小，矩形拱腰的水平加速度最大。各断面隧道结构关键点的竖向加速度由拱顶向仰拱增大，圆形仰拱的竖向加速度峰值最小，矩形仰拱的竖向加速度最大。地震-渗流-列车荷载作用下，断面形式对加速度响应的影响很小。

　　（2）地震-渗流-列车荷载作用下，四种断面形式的黄土隧道关键点的位移时程变化趋势基本相同，加速度峰值均集中在 3.01s 附近，表现出位移响应的滞后性。各断面隧道结构关键点的水平位移峰值均在拱顶，圆形拱顶的水平位移峰值最小，矩形拱顶的水平位移峰值最大。各断面隧道结构关键点的竖向位移由仰拱向拱顶逐渐衰减，圆形仰拱的竖向位移峰值最小，矩形仰拱的竖向位移峰值最大。地震-渗流-列车荷载作用下，断面形式对位移的影响较小。

　　（3）地震-渗流-列车荷载作用下，四种断面形式的黄土隧道的应力分布区别较大。四种断面形式的黄土隧道第一主应力最大值均出现在仰拱，圆形和曲墙形的第三主应力主要分布在两侧拱腰，矩形和直墙拱形的第三主应力表现出应力集中现象，矩形的第三主应力集中在隧道四个边角，直墙拱形的第三主应力集中在两个拱脚。地震-渗流-列车荷载作用下，断面形式对应力响应影响明显。圆形断面应力响应最小，矩形断面应力响应最大。

（4）地震-渗流-列车荷载作用下，四种断面形式的黄土隧道的孔隙水压力沿隧道深度增大，数值差别较小，断面形式对隧道孔隙水压力影响较小。

（5）地震-渗流-列车荷载作用下，四种断面形式黄土隧道的加速度响应和位移响应与地震-列车荷载作用相近，各断面隧道结构关键点的水平加速度峰值均在拱腰，而地震-渗流作用下，各断面隧道结构关键点的水平加速度峰值在拱顶；三种因素作用下应力响应不同，地震-渗流-列车荷载作用下各断面隧道结构的应力响应最大，地震-列车荷载作用下应力响应次之，地震-渗流作用下应力响应最小。

综上所述，地震-渗流-列车荷载作用下，圆形断面动力响应最小，曲墙形和直墙拱形次之，矩形最大。

参 考 文 献

[1] 黄娟. 基于损伤理论的高速铁路隧道结构振动响应分析及疲劳寿命研究[D]. 长沙: 中南大学博士学位论文, 2010.

[2] 谷兆祺, 彭守拙, 李仲奎. 地下洞室工程[M]. 北京: 清华大学出版社, 1994.

[3] 刘晶波, 谷音, 杜义欣. 一致粘弹性人工边界及粘弹性边界单元[J]. 岩土工程学报, 2006, 28(9): 1070-1075.

[4] 王峻, 王兰民, 李兰. 永登 5.8 级地震中黄土震陷灾害的探讨[J]. 地震研究, 2005, (4): 89-93.

[5] JENKINS H H, STEPHENSON J E, CLAYTON G A, et al. The effect of track and vehicle parameters on wheel/rail vertical dynamic forces[J]. Railway Engineering Journal, 1974, 3(1): 2-16.

[6] 李军世, 李克钏. 高速铁路路基动力反应的有限元分析[J]. 铁道学报, 1995, (1): 66-75.

[7] 梁波, 罗红, 孙常新. 高速铁路振动荷载的模拟研究[J]. 铁道学报, 2006, 28(4): 89-94.

第8章　列车荷载作用下黄土隧道结构的地震动稳定

列车在隧道中运行时，由于摩擦力和惯性力的作用，车轮将与它接触的结构表面产生一个水平的冲击力，从而对道路结构的安全性和稳定性产生一定影响，且该影响会经由路面结构传至隧道的衬砌和围岩结构，使其范围扩大，进一步影响到隧道的稳定性，因此研究列车荷载对隧道围岩结构的稳定性具有一定的必要性。本章首先使用有限元分析软件建立黄土隧道的结构分析模型，然后利用动力有限元静力强度折减法分别得到不同覆土厚度的黄土隧道结构在列车振动荷载与近场有脉冲、近场无脉冲和远场无脉冲地震的共同作用下的安全系数和塑性应变云图，最后通过分析对比安全系数的变化以及塑性应变的分布大小和范围，判断隧道的稳定性。

8.1　计算参数与分析模型

8.1.1　材料参数

在本书中，为了计算的方便，忽略距离地表一定范围内的杂土层，将隧道围岩统一设置为均质的IV级黄土围岩，将隧洞口的支护衬砌结构设置为复合式的混凝土衬砌。在有限元分析模型中将隧道的黄土围岩材料的本构关系定义为 Mohr-Coulomb 材料，隧洞周围的双层混凝土衬砌定义为弹塑性材料。具体的黄土围岩和衬砌材料参数如表 8-1 所示。

表 8-1　材料参数

材料类别	弹性模量/GPa	泊松比	天然重度/（kN/m³）	黏聚力/MPa	内摩擦角/（°）
黄土	0.1	0.35	18.5	0.145	33
初次衬砌	30	0.2	25	—	—
二次衬砌	30	0.2	25	—	—

针对黄土铁路隧道，由于隧道底部直接承受列车荷载从钢轨传来的竖向作用力和水平冲击力，因此要求轨道结构具有足够的强度和稳定性。而道床所采用的结构形式和材料参数与上部列车运行的平稳性和安全性有着直接的关系，在本节中定义该隧道为单线的无砟混凝土整体道床，轨道宽度为 1.045m，该轨道的隧底填充采用 C25 的混凝土弹塑性材料，基础和轨道板分别采用 300mm 和 150mm 厚的 C30 混凝土弹塑性材料，材料的物理参数如表 8-2 所示。

表 8-2　轨道道床的材料参数

材料类别	弹性模量/GPa	泊松比	天然重度/（kN/m³）	黏聚力/MPa	内摩擦角/（°）
隧底填充	17.5	0.2	18	—	—
混凝土基础	30	0.2	25	—	—
轨道板	30	0.2	25	—	—

8.1.2　分析模型

在建立分析模型时，采用曲墙型式作为隧道的断面型式。取该曲墙式断面的跨度为 15m，高度为 11.25m。考虑围岩的强度储备和数值模拟过程的速度和精度，隧洞左右两侧到围岩左右边界考虑自半无限空间中各自截取隧道洞室跨度的 5 倍长度，隧道围岩的底部考虑截取隧道洞口高度的 5 倍长度。在定义边界条件时，沿隧道的左右两侧设置人工黏弹性边界，对黏弹性边界进行属性设置时，可根据上节式（7-1）和式（7-2），分别求得该边界的法向与切向的弹簧刚度和阻尼系数：$K_{BN}=1.26\times10^{6}\,\mathrm{N/m}$，$C_{BN}=3.2\times10^{5}\,\mathrm{N\cdot s/m}$，$K_{BT}=0.63\times10^{6}\,\mathrm{N/m}$，$C_{BT}=6.58\times10^{5}\,\mathrm{N\cdot s/m}$。在隧道的底部设置固定铰约束，顶部为自由地面。其动力分析模型如图 8-1 所示，若将图中左右两侧的黏弹性边界去掉并改为水平向的简单约束，则为结构的静力分析模型。

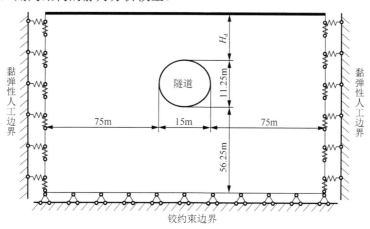

图 8-1　动力分析模型示意图

对模型进行相应单元定义和网格划分时，将模型的黏弹性边界定义为弹簧单元。对围岩和衬砌结构采用映射网络方式进行划分，则该模型的网格划分如图 8-2 所示。

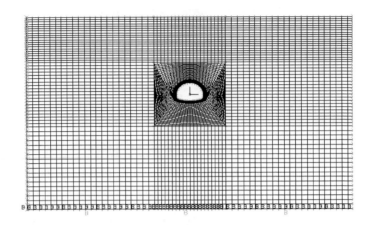

图 8-2　分析模型

在考虑列车荷载时，需要在图 8-2 的基础上，在隧洞底部从下到上依次定义隧底填充、混凝土基础和轨道板三个二维平面单元，三个单元的材料参数如表 8-2 所示，另外还需在轨道板上间隔一定的距离设置固定的两点，作为施加列车移动点荷载的位置，其网络划分和详细的分析模型如图 8-3 所示。

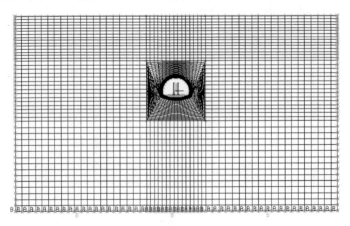

图 8-3　列车荷载分析模型

8.2　模 态 分 析

在进行有限元分析时为了得到隧道围岩结构的阻尼矩阵，首先要对前面建立的结构静力分析模型进行求解，从而得到隔离体的固有频率，由该分析模型得出结构的前十二阶固有频率如表 8-3 所示。

表 8-3　模态分析的固有频率　　　　　　　（单位：Hz）

振型	频率	振型	频率	振型	频率	振型	频率
1	2.399	4	3.290	7	5.242	10	6.457
2	2.594	5	4.598	8	6.138	11	6.684
3	3.228	6	4.996	9	6.217	12	6.891

8.3　不同埋深黄土隧道结构的地震动稳定

在我国西部地区，由于地形的高低起伏，隧道在不同的地理位置表现出不同的埋置深度，而不同覆土厚度的隧道不仅在设计、施工而且在运行过程中均受到不同程度的影响。通常，国内外规范和学者对隧道埋置的深浅界限有不同的划分依据，我国现行的《铁路隧道设计规范》（TB 10003—2005）[1] 和《公路隧道设计规范》（JTGD 70—2014）[2] 根据隧道开挖后洞口上方能否形成稳定的压力拱划分深浅埋隧道。徐则民等[3] 考虑隧道围岩变形破坏方式，将隧道划分为浅埋隧道、深埋隧道和超深埋隧道。王明年等[4] 在对多座隧道地面裂缝宽度与埋深之间关系进行现场调查的基础上，认为浅埋与深埋隧道的划分界限为 40～60m，大于 60m 为深埋。张佩等[5] 提出利用围岩压力判断深埋与浅埋隧道，并给出了具体的界限埋深的确定方法。在参考以上文献的基础上，结合黄土隧道的地形和地质，考虑浅埋隧道的埋深为 30m，深埋隧道的覆土厚度为 60m，超深埋隧道的上覆土层厚度为 80m。

8.3.1　浅埋隧道

（1）地震波。在考虑浅埋隧道在列车荷载作用下的地震动稳定性时，常需要沿着结构分析模型的水平方向输入地震波，而在选择地震波时，需要综合考虑各种因素的影响。通常地震动以波的形式在地下或地表传播时，由于震源特点、场地条件、传播途径、持时和衰减性的不同，具有一定的随机性，对不同场地和类型的结构也会造成不同的破坏或影响，因此有必要结合本书的研究对象和地震波的基本特性，选取适宜的地震波进行动力研究。在本书中，以兰州市郊区作为研究场地，由《建筑抗震设计规范》（GB 50011—2010）可知该地区的抗震设防烈度为 8 度。在进行稳定性分析时，根据隧道结构距地震波震源距离的远近，分别考虑近场和远场的地震波对结构的影响，在考虑近场的地震波对结构的影响时，根据是否产生明显的脉冲现象，又分为近场有脉冲和近场无脉冲两类，而速度型脉冲在近场脉冲中最为常见，具有类似脉冲的波形，周期持时较长，包含的中长周期也多，且脉冲峰值也较大。

现代抗震设计的目标是使结构在罕遇地震作用下达到不破坏结构的整体性，且结构在震后可以恢复原有的使用功能，在本书中考虑 8 度罕遇地震对隧道围岩结构的影响，该类地震的加速度时程曲线的峰值为 4m/s²。按照地震波的特性、选取原则、震源类型和距离，从太平洋地震库中选取三条地震波即近场有脉冲、近场无脉冲和远场无脉冲的地震，然后再对这些地震波的加速度值进行相应的调整以满足 8 度罕遇地震的设防要求。根据地震波的持时特性和结构周期，选取地震波的持时为 15s。近场和远场地震波加速度时程曲线分别如图 8-4、图 8-5 和图 8-6 所示。

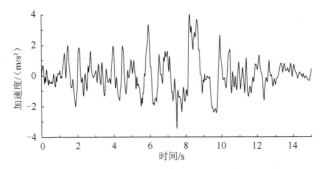

图 8-4　8 度罕遇地震加速度时程曲线（近场有脉冲地震波）

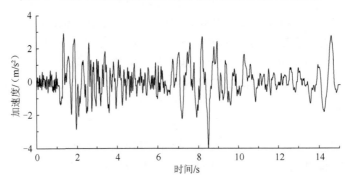

图 8-5　8 度罕遇地震加速度时程曲线（近场无脉冲地震波）

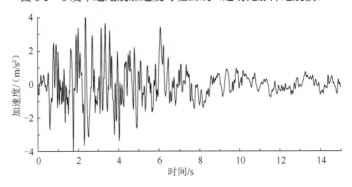

图 8-6　8 度罕遇地震加速度时程曲线（远场地震波）

（2）列车荷载时程曲线。根据第 7 章的列车荷载理论，由于列车轴重与线路设计等级有直接的关系，不同的国家对此也有不同的参考规范。在国外常用的列车轴重参考范围为 15～17t，在我国虽然 2014 年首列 30t 轴重的万吨列车已经开行，但为了研究结果具有实用性，在本书中选取我国普遍使用的列车轴重为 22t，簧下质量 M_0 取为 750kg。参考我国的高速铁路运行标准和表 7-11 三种控制条件下的不平顺振动波长和矢高的取值，取 v=300km/h，L_1=10m，L_2=2m，L_3=0.5m，a_1=3.5mm，a_2=0.4mm，a_3=0.08mm，从而可得 180～320km/h 车速的列车荷载的低频、中频和高频范围分别为 5～9Hz，25～45Hz 和 100～200Hz，与英国铁路研究中心的实验测试数据一致。可得到车速 v=300km/h 的列车荷载时程曲线如图 8-7 所示。

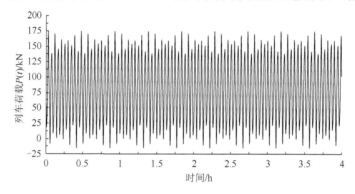

图 8-7　列车荷载模拟时程曲线

在本节中取浅埋隧道的上覆土层厚度为 30m，考虑列车荷载和地震的共同作用，根据前面选择的近场和远场地震加速度时程曲线，沿结构分析模型的水平向输入地震曲线，在轨道钢轨上的两点沿竖向施加列车荷载时程曲线然后进行运行求解。求解完毕后在后处理模块中选取模型右上角的 596 节点作为观察节点，并知该节点在近场有脉冲，近场无脉冲和远场无脉冲情况下的水平位移时程曲线分别如图 8-8、图 8-9 和图 8-10 所示，再由后处理模块中的 Extreme Values 得到节点取得最大水平位移的时刻分别为 9.39s、14.59s 和 8.77s，通过 Value List 导出动力模型左右两侧边界的各节点在该时刻的水平位移值，模型在 9.39s 时刻的水平位移值如表 8-4 所示。

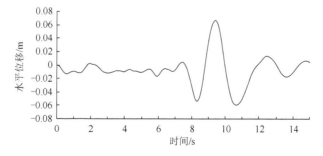

图 8-8　近场有脉冲下节点 596 的水平位移时程曲线

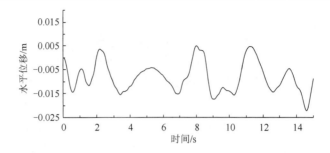

图 8-9　近场无脉冲下节点 596 的水平位移时程曲线

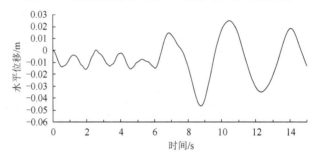

图 8-10　远场无脉冲下节点 596 的水平位移时程曲线

表 8-4　1.725s 时刻竖向边界节点水平位移

节点	水平位移/m	节点	水平位移/m	节点	水平位移/m	节点	水平位移/m
1	8.26E-02	736	6.73E-02	1191	4.36E-02	1674	2.27E-02
22	8.15E-02	756	6.69E-02	1232	6.18E-02	1695	2.01E-02
43	8.05E-02	776	6.64E-02	1253	6.07E-02	1716	1.74E-02
64	7.95E-02	796	6.59E-02	1274	5.95E-02	1737	1.47E-02
85	7.85E-02	816	6.54E-02	1295	5.83E-02	1758	1.19E-02
106	7.75E-02	836	6.48E-02	1316	5.71E-02	1779	8.87E-03
127	7.65E-02	856	6.42E-02	1337	5.58E-02	1800	5.90E-03
148	7.55E-02	876	6.35E-02	1358	5.44E-02	2100	3.98E-02
169	7.45E-02	896	6.28E-02	1379	5.30E-02	2120	3.73E-02
190	7.35E-02	897	6.59E-02	1400	5.16E-02	2140	3.47E-02
211	7.25E-02	918	6.44E-02	1421	5.01E-02	2160	3.21E-02
232	7.15E-02	939	6.29E-02	1442	4.86E-02	2180	2.95E-02
253	7.05E-02	960	6.14E-02	1463	4.71E-02	2200	2.69E-02
274	6.94E-02	981	5.99E-02	1484	4.55E-02	2220	2.42E-02
295	6.84E-02	1002	5.84E-02	1505	4.39E-02	2240	2.15E-02
316	6.73E-02	1023	5.68E-02	1526	4.23E-02	2260	1.88E-02
596	6.70E-02	1044	5.52E-02	1527	4.10E-02	2280	1.61E-02
616	6.78E-02	1065	5.36E-02	1548	3.85E-02	2300	1.34E-02
636	6.81E-02	1086	5.20E-02	1569	3.59E-02	2320	1.06E-02
656	6.82E-02	1107	5.03E-02	1590	3.32E-02	2340	7.66E-03
676	6.81E-02	1128	4.87E-02	1611	3.06E-02	2360	4.73E-03
696	6.79E-02	1149	4.70E-02	1632	2.80E-02	2380	0.00E+00
716	6.76E-02	1170	4.53E-02	1653	2.54E-02		

然后将表 8-4 中的各点位移值施加到静力模型左右边界的各个节点中，通过不断折减黄土围岩结构的材料参数，一直到计算不收敛为止，从而得到黄土隧道结构在列车荷载和近场、远场地震作用下的安全系数以及临界的塑性应变云图（图 8-11）。

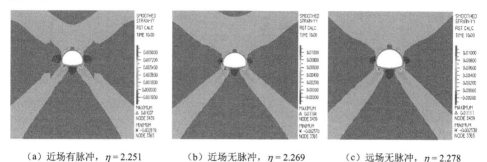

　（a）近场有脉冲，$\eta = 2.251$　　　（b）近场无脉冲，$\eta = 2.269$　　　（c）远场无脉冲，$\eta = 2.278$

图 8-11　列车荷载作用下的安全系数和临界应变云图

由图 8-11 可知，在列车荷载和不同地震波作用下，隧道在临界破坏状态下，在近场有脉冲的地震作用下安全系数为 2.251，近场无脉冲作用下的安全系数为 2.269，远场无脉冲作用下的安全系数为 2.278。隧道的临界塑性应变集中并且对称分布在两侧拱趾和拱顶部位，而最大值位于拱趾处，属于薄弱地带，容易受到破坏而影响隧道的整体稳定性，因此在施工建设中要提高该部位的构造要求。

8.3.2　深埋隧道

取上覆土层厚度 60m 的黄土隧道围岩结构作为分析对象。在考虑列车荷载和地震作用时，所选用的近场、远场地震波和列车荷载时程曲线同浅埋隧道一致，通过计算得到右上角节点 596 在近场有脉冲、近场无脉冲和远场无脉冲的地震波作用下的水平位移时程曲线分别如图 8-12、图 8-13 和图 8-14 所示。

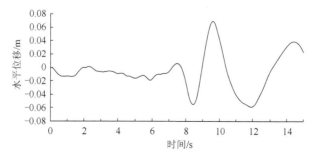

图 8-12　近场有脉冲下节点 596 的水平位移时程曲线

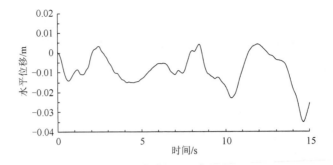

图 8-13　近场无脉冲下节点 596 的水平位移时程曲线

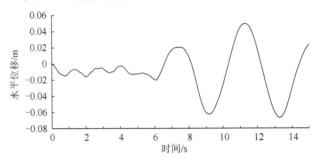

图 8-14　远场无脉冲下节点 596 的水平位移时程曲线

由图 8-12～图 8-14 的水平位移时程曲线可知节点 596 在不同的地震波作用下发生最大水平位移的时刻分别为 9.59s、14.62s 和 13.28s，然后导出黄土隧道围岩结构在不同地震作用下左右边界的各节点在该时刻的水平位移，结构分析模型在近场有脉冲的地震作用下节点 596 在 9.59s 时刻的水平位移如表 8-5 所示。

表 8-5　9.59s 时刻竖向边界节点水平位移

节点	水平位移/m	节点	水平位移/m	节点	水平位移/m	节点	水平位移/m
1	8.58E-02	316	4.92E-02	876	4.86E-02	1170	2.98E-02
22	8.30E-02	596	6.91E-02	896	4.64E-02	1191	2.85E-02
43	8.06E-02	616	6.96E-02	897	4.78E-02	1232	4.51E-02
64	7.82E-02	636	6.92E-02	918	4.64E-02	1253	4.38E-02
85	7.59E-02	656	6.84E-02	939	4.50E-02	1274	4.25E-02
106	7.35E-02	676	6.73E-02	960	4.35E-02	1295	4.12E-02
127	7.12E-02	696	6.60E-02	981	4.21E-02	1316	3.99E-02
148	6.88E-02	716	6.45E-02	1002	4.07E-02	1337	3.85E-02
169	6.64E-02	736	6.29E-02	1023	3.93E-02	1358	3.72E-02
190	6.41E-02	756	6.12E-02	1044	3.79E-02	1379	3.59E-02
211	6.16E-02	776	5.93E-02	1065	3.65E-02	1400	3.45E-02
232	5.92E-02	796	5.74E-02	1086	3.52E-02	1421	3.32E-02
253	5.67E-02	816	5.53E-02	1107	3.38E-02	1442	3.19E-02
274	5.43E-02	836	5.31E-02	1128	3.25E-02	1463	3.06E-02
295	5.18E-02	856	5.09E-02	1149	3.11E-02	1484	2.93E-02

续表

节点	水平位移/m	节点	水平位移/m	节点	水平位移/m	节点	水平位移/m
1505	2.80E−02	1653	1.59E−02	2100	2.48E−02	2260	1.05E−02
1526	2.67E−02	1674	1.43E−02	2120	2.29E−02	2280	8.92E−03
1527	2.66E−02	1695	1.27E−02	2140	2.10E−02	2300	7.34E−03
1548	2.47E−02	1716	1.11E−02	2160	1.91E−02	2320	5.80E−03
1569	2.28E−02	1737	9.50E−03	2180	1.73E−02	2340	4.14E−03
1590	2.10E−02	1758	7.86E−03	2200	1.55E−02	2360	2.44E−03
1611	1.93E−02	1779	6.07E−03	2220	1.38E−02	2380	0.00E+00
1632	1.76E−02	1800	4.27E−03	2240	1.21E−02		

将表 8-5 中水平位移值施加到静力分析模型左右边界相应的各个节点中，并不断折减黄土围岩结构的抗剪强度参数，得到隧道围岩结构在临界破坏前的安全系数和塑性应变云图如图 8-15 所示。

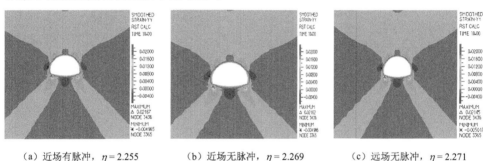

　　（a）近场有脉冲，$\eta = 2.255$　　　　（b）近场无脉冲，$\eta = 2.269$　　　　（c）远场无脉冲，$\eta = 2.271$

图 8-15　列车荷载作用下的安全系数和临界应变云图

由图 8-15 可知，黄土隧道围岩结构在近场有脉冲作用下的安全系数为 2.255，在近场无脉冲的地震作用下安全系数为 2.269，在远场无脉冲下安全系数为 2.271。在临界破坏状态前，塑性应变在不同的地震作用下其分布范围是一样的，主要分布在拱顶和拱趾两侧，且最大值位于拱趾处。

8.3.3　超深埋隧道

取超深埋隧道的上覆土层厚度为 80m，首先在模型中输入地震波和列车荷载，所输入的近场、远场地震波和列车荷载的时程曲线同浅埋隧道一致，然后求解运算，求解完毕后在后处理模块中选取模型右上角的 4907 节点作为观察节点，并知该节点在不同地震作用下的水平位移时程曲线分别如图 8-16、图 8-17 和图 8-18 所示，再由软件后处理模块中的 Extreme Values 得到 4907 节点取得最大水平位移的时刻分别为 12.11s、14.67s 和 9.38s，再通过 Value List 导出模型在近场有脉冲作用下左右两侧边界的各节点在 12.11s 时刻的水平位移值（表 8-6）。

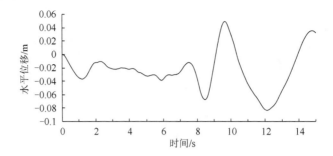

图 8-16　近场有脉冲下节点 4907 的水平位移时程曲线

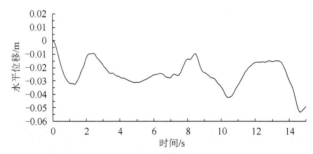

图 8-17　近场无脉冲下节点 4907 的水平位移时程曲线

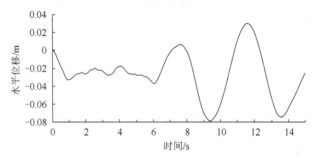

图 8-18　远场无脉冲下节点 4907 的水平位移时程曲线

表 8-6　12.11s 时刻的竖向边界节点水平位移

节点	水平位移/m	节点	水平位移/m	节点	水平位移/m	节点	水平位移/m
1	-2.96E-02	11	-4.63E-02	21	-4.63E-02	31	-4.51E-02
2	-3.99E-02	12	-4.64E-02	22	-4.62E-02	32	-4.49E-02
3	-4.28E-02	13	-4.64E-02	23	-4.61E-02	33	-4.47E-02
4	-4.41E-02	14	-4.65E-02	24	-4.60E-02	34	-4.44E-02
5	-4.48E-02	15	-4.65E-02	25	-4.59E-02	35	-4.42E-02
6	-4.52E-02	16	-4.65E-02	26	-4.58E-02	36	-4.39E-02
7	-4.56E-02	17	-4.65E-02	27	-4.57E-02	37	-4.37E-02
8	-4.58E-02	18	-4.65E-02	28	-4.56E-02	38	-4.34E-02
9	-4.60E-02	19	-4.65E-02	29	-4.54E-02	39	-4.31E-02
10	-4.62E-02	20	-4.64E-02	30	-4.53E-02	40	-4.28E-02

续表

节点	水平位移/m	节点	水平位移/m	节点	水平位移/m	节点	水平位移/m
41	−4.25E−02	4113	−6.05E−02	4153	−4.25E−02	6304	−3.03E−02
42	−4.21E−02	4114	−6.01E−02	4154	−4.21E−02	6326	−2.96E−02
43	−4.18E−02	4115	−5.96E−02	4155	−4.16E−02	6348	−2.89E−02
44	−4.14E−02	4116	−5.92E−02	4156	−4.11E−02	6370	−2.81E−02
45	−4.11E−02	4117	−5.88E−02	4157	−4.06E−02	6392	−2.74E−02
46	−4.07E−02	4118	−5.83E−02	4158	−4.02E−02	6414	−2.66E−02
47	−4.03E−02	4119	−5.79E−02	4159	−3.97E−02	6436	−2.59E−02
48	−3.99E−02	4120	−5.74E−02	4160	−3.92E−02	6458	−2.51E−02
49	−3.96E−02	4121	−5.70E−02	4183	−3.21E−02	6458	−2.51E−02
50	−3.91E−03	4122	−5.65E−02	4206	−3.14E−02	6525	−1.50E−02
51	−3.87E−02	4123	−5.61E−02	4229	−3.06E−02	6548	−1.37E−02
52	−3.83E−02	4124	−5.56E−02	4252	−2.99E−02	6571	−1.25E−02
53	−3.79E−02	4125	−5.51E−02	4275	−2.92E−02	6594	−1.12E−02
54	−3.74E−02	4126	−5.47E−02	4298	−2.84E−02	6617	−1.00E−02
55	−3.70E−02	4127	−5.42E−02	4321	−2.77E−02	6640	−8.79E−03
56	−3.65E−02	4128	−5.37E−02	4344	−2.69E−02	6663	−7.62E−03
57	−3.61E−02	4129	−5.33E−02	4367	−2.61E−02	6686	−6.50E−03
58	−3.56E−02	4130	−5.28E−02	4390	−2.54E−02	6709	−5.40E−03
59	−3.51E−02	4131	−5.24E−02	4413	−2.46E−02	6732	−4.35E−03
60	−3.47E−02	4132	−5.19E−02	4436	−2.38E−02	6755	−3.35E−03
61	−3.42E−02	4133	−5.15E−02	4459	−2.31E−02	6778	−2.38E−03
62	−3.37E−02	4134	−5.10E−02	4482	−2.23E−02	6801	−1.42E−03
63	−3.32E−02	4135	−5.05E−02	4505	−2.15E−02	6824	−4.41E−04
64	−3.27E−02	4136	−5.02E−02	4528	−2.07E−02	6847	0.00E+00
4097	−8.34E−02	4137	−4.97E−02	4551	−1.99E−02	7168	−2.39E−02
4098	−7.32E−02	4138	−4.93E−02	4574	−1.91E−02	7190	−2.26E−02
4099	−7.01E−02	4139	−4.88E−02	4597	−1.84E−02	7212	−2.14E−02
4100	−6.84E−02	4140	−4.84E−02	4620	−1.76E−02	7234	−2.01E−02
4100	−6.84E−02	4141	−4.80E−02	6040	−3.85E−02	7255	−1.34E−02
4102	−6.65E−02	4142	−4.75E−02	6062	−3.79E−02	7278	−1.75E−02
4103	−6.58E−02	4143	−4.71E−02	6084	−3.72E−02	7300	−1.62E−02
4104	−6.51E−02	4144	−4.66E−02	6106	−3.66E−02	7322	−1.49E−02
4105	−6.45E−02	4145	−4.62E−02	6128	−3.59E−02	7344	−1.35E−02
4106	−6.40E−02	4146	−4.57E−02	6150	−3.52E−02	7366	−1.21E−02
4107	−6.34E−02	4147	−4.53E−02	6172	−3.45E−02	7388	−1.07E−02
4108	−6.29E−02	4148	−4.48E−02	6194	−3.39E−02	7410	−9.17E−03
4109	−6.24E−02	4149	−4.44E−02	6126	−3.32E−02	7432	−7.61E−03
4110	−6.19E−02	4150	−4.39E−02	6238	−3.25E−02	7454	−5.86E−03
4111	−6.15E−02	4151	−4.39E−02	6260	−3.18E−02	7476	−4.11E−03
4112	−6.10E−02	4152	−4.30E−02	6282	−3.10E−02		

然后将表 8-6 中的各点位移值施加到静力模型左右边界的各个节点上，通过不断折减黄土围岩结构的抗剪强度参数，从而得到黄土隧道在不同地震作用下的安全系数和临界塑性应变云图（图 8-19）。

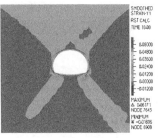 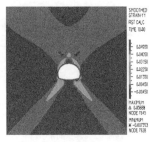 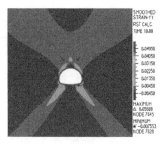

（a）近场有脉冲，$\eta = 2.683$　　　（b）近场无脉冲，$\eta = 2.694$　　　（c）远场无脉冲，$\eta = 2.771$

图 8-19　列车荷载作用下的安全系数和临界应变云图

由图 8-19 可知，超深埋隧道围岩结构在列车荷载和地震作用下，近场有脉冲的安全系数为 2.683，近场无脉冲的安全系数为 2.694，远场无脉冲的安全系数为 2.771。由临界塑性应变云图可知，塑性区主要分布在拱趾和拱顶部位，最大值也位于拱趾部位。因此在进行设计时，既要考虑拱趾处的破坏，防止其影响隧道整体的稳定性，又要防止拱顶处位移变大而发生坍塌事故。

综上所述，将前面所计算得到的列车荷载和地震作用下黄土隧道结构在临界破坏状态下的安全系数汇总于图 8-20。

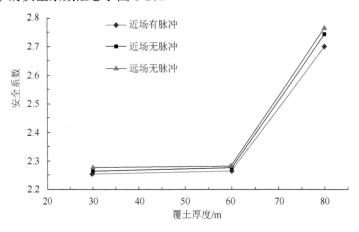

图 8-20　列车荷载和不同地震作用下的安全系数

由图 8-20 可知，黄土隧道围岩结构在列车荷载和地震作用下，安全系数不仅与覆土厚度有关还与近场和远场地震相关。在相同的覆土厚度下，黄土隧道围岩结构在近场有脉冲的地震波下安全系数最小，近场无脉冲下的安全系数次之，在远场无脉冲下的安全系数最大。在近场有脉冲的地震波下，覆土厚度由 30m 上升到 60m，安全系数提高了 0.178%，覆土厚度由 60m 上升到 80m，安全系数提高了 18.98%；在近场无脉冲的地震波下，覆土厚度由 30m 上升到 60m，安全系数没有改变，覆土厚度由 60m 上升到 80m，安全系数提高了 18.73%；在远场无脉冲的地震波下，覆土厚度由 30m 上升到 60m，安全系数反而降低了，当覆土厚度由 60m 上升到 80m，安全系数提高了 22.01%。

由以上结果可知，在不同的地震作用下，不同覆土厚度的隧道安全系数在远场无脉冲的地震作用下最大，在近场无脉冲下次之，在近场有脉冲下最小。在相同地震作用下，隧道结构的安全系数随着上覆土层厚度的增大而增大，不同覆土厚度的隧道在相同的地震作用下安全系数基本不变。

参 考 文 献

[1] 铁道第二勘察设计院. 铁路隧道设计规范(TB 10003—2005)[S]. 北京: 中国铁道出版社, 2005.

[2] 公路隧道设计规范(JTGD 70—2014)[S]. 北京: 人民交通出版社, 2014.

[3] 徐则民, 黄润秋, 王士天. 隧道的埋深划分[J]. 中国地质灾害与防治学报, 2000, 11(4): 5-10.

[4] 王明年, 郭军, 罗禄森, 等. 高速铁路大断面黄土隧道深浅埋分界深度研究[J]. 岩土力学, 2010, 31(4): 1157-1162.

[5] 张佩, 路德春, 杜修力, 等. 深埋隧道与浅埋隧道划分方法研究[J]. 岩土工程学报, 2014, 35(S2): 422-427.

第9章　雨水渗流作用下黄土隧道结构的地震动稳定

在我国西部地区，黄土大部分分布在干旱与半干旱的山体地带，地下水埋藏相对较深，黄土覆盖层常处于非饱和状态，因此渗流作用主要受到降水量的影响。虽然西部地区的年平均降水量不大，但在雨季，持续强降水条件尤其是在地震发生后，结构在雨水的渗透作用下，极易引发各种次生的地质灾害。另外相对隧道工程来说，众多的工程事故案例也表明，地表降水极易诱发隧道的塌方、滑坡等工程事故，特别是在有降水的情况，雨水下渗改变了土体的孔隙比、饱和度和渗透系数，使地表一定深度范围内的土层迅速达到饱和，使隧道围岩结构的力学特性发生变化直接影响隧道的稳定性[1-4]。因此有必要研究黄土隧道围岩结构在雨水渗流作用下的稳定性。

9.1　计算参数和分析模型

9.1.1　计算参数

本章在建立结构分析模型时，采用的黄土隧道围岩等级为Ⅳ级，黄土的材料参数在降水前与第 8 章的取值一样，复合衬砌的材料参数同第 8 章初次衬砌，在降水后一定深度范围内的土体材料参数取值与降水前的材料参数取值对比如表 9-1 所示。

表 9-1　材料参数

类型	弹性模量/MPa	泊松比	天然重度/（kN/m³）	黏聚力/MPa	内摩擦角/（°）
降水前	0.1	0.35	18.5	0.145	33
降水后	30	0.35	15.58	0.075	19.8

9.1.2　分析模型

在利用有限元分析软件建立结构分析模型时，隧道的断面尺寸即宽和高的数值依然参考第 8 章的数据不变，以隧道宽度和高度的 5 倍数值作为模型长度和高度的取值依据。模型的左右边界设置为人工黏弹性边界，底部设置为固定铰支座。在考虑地震作用时，根据上一章关于隧道动力稳定性的分析结果，黄土隧道在近场有脉冲的地震作用下安全性最为不利，因此在本章中仅考虑近场有脉冲的地震作用，并沿着模型的水平方向输入地震波。在对结构模型进行单元定义时需要分别对降水前后的黄土围岩进行材料定义和单元设置，在此将降水前后的土体统一设置为黏弹性的莫尔-库仑材料。对模型进行网格划分时，采用映射网络的方法。对于上覆土层厚度为 30m 的隧道，分别考虑它受到中雨、大雨和暴雨的渗流影响，其分析模型如图 9-1 所示。

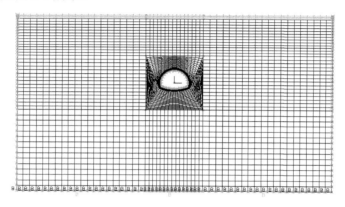

图 9-1　分析模型

9.2　渗流作用下黄土隧道结构的地震动稳定

在本章中，假设土体的初始含水率小于 15%，黄土隧道结构分别遭遇中雨、大雨和暴雨的冲刷，对应的三种不同的降水强度分别为 30mm/d、65mm/d 和 75mm/d。在考虑雨水的入渗深度时，参考雨水的理论入渗深度求解公式[5]，取雨水的入渗深度分别为 1m、1.5m 和 2m。在考虑不同覆土厚度的黄土隧道结构的渗流情况时，入渗深度不变。

9.2.1　中雨作用下的地震动稳定

在中雨渗流作用下，取降水强度为 30mm/d，雨水渗透到地表以下 1m 的位置，上覆土层厚度分别为 30m，60m 和 80m。沿着结构分析模型的水平方向输入近场有脉冲地震波，然后通过计算从后处理模块中分别得到模型右顶点 342，205 和 239 的水平位移时程曲线如图 9-2、图 9-3 和图 9-4 所示。

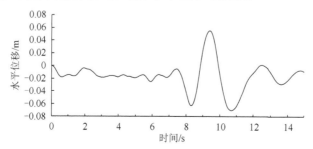

图 9-2　30m 节点 342 的水平位移时程曲线

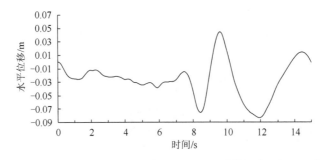

图 9-3　60m 节点 205 的水平位移时程曲线

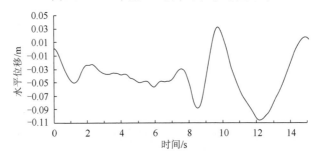

图 9-4　80m 节点 239 的水平位移时程曲线

　　然后由 Extreme Value 得到不同覆土厚度的隧道模型在 10.67s，11.91s 和 12.10s 时刻取得最大的水平位移值，其中，模型在 10.67s 时刻的水平位移值如表 9-2 所示。

表 9-2　10.67s 时刻竖向边界节点水平位移

节点	水平位移/m	节点	水平位移/m	节点	水平位移/m	节点	水平位移/m
2	−3.83E−02	446	−4.34E−02	1066	−5.51E−02	2600	−3.16E−02
4	−6.23E−02	467	−4.36E−02	1067	−5.62E−02	2601	−3.27E−02
5	−4.19E−02	488	−4.38E−02	1068	−5.73E−02	2602	−3.39E−02
34	−4.68E−02	509	−4.40E−02	1109	−2.99E−02	2603	−3.50E−02
35	−2.89E−02	530	−4.40E−02	1130	−3.10E−02	2604	−3.62E−02
66	−3.04E−02	551	−4.40E−02	1151	−3.20E−02	2605	−3.73E−02
67	0.00E+00	572	−4.39E−02	1172	−3.30E−02	2606	−3.84E−02
98	0.00E+00	614	−4.30E−02	1193	−3.40E−02	2607	−3.95E−02
121	−3.86E−02	1057	−4.76E−02	1086	−3.45E−02	2608	−4.06E−02
122	−3.67E−02	1058	−4.85E−02	1214	−3.50E−02	2609	−4.16E−02
123	−3.06E−02	1059	−4.93E−02	1235	−3.59E−02	2610	−4.27E−02
340	−6.21E−02	1060	−5.01E−02	1256	−3.68E−02	2611	−4.37E−02
341	−6.40E−02	1061	−5.09E−02	1277	−3.76E−02	2612	−4.48E−02
342	−7.00E−02	1062	−5.17E−02	1298	−3.85E−02	2613	−4.58E−02
383	−4.23E−02	1063	−5.26E−02	1340	−4.00E−02	2653	−2.63E−03
404	−4.27E−02	1064	−5.34E−02	1361	−4.07E−02	2674	−4.85E−03
425	−4.31E−02	1065	−5.42E−02	1382	−4.13E−02	2695	−6.96E−03

节点	水平位移/m	节点	水平位移/m	节点	水平位移/m	节点	水平位移/m
2716	-8.92E-03	2884	-2.37E-02	3440	-1.23E-02	3447	-2.51E-02
2737	-1.08E-02	2905	-2.55E-02	3441	-1.42E-02	3448	-2.69E-02
2758	-1.27E-02	2926	-2.72E-02	3442	-1.60E-02	2449	-2.86E-02
2779	-1.46E-02	3536	-4.03E-03	3443	-1.78E-02	593	-4.35E-02
2821	-1.83E-02	3437	-6.25E-03	3444	-1.97E-02	1319	-3.92E-02
2842	-2.01E-02	3738	-8.42E-03	3445	-2.15E-02	2800	-1.65E-02
2863	-2.19E-02	3439	-1.04E-02	3446	-2.33E-02		

然后将不同覆土厚度的分析模型中各点的位移值施加到静力模型左右边界的各个节点中，不断折减黄土围岩抗剪强度参数，一直到计算不收敛为止，从而得到黄土隧道在中雨渗流作用下临界破坏前的安全系数和塑性应变云图（图9-5）。

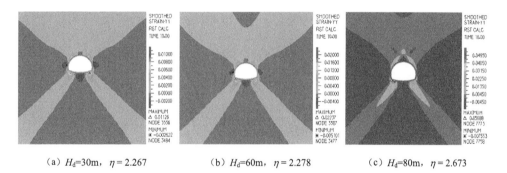

（a）H_d=30m，η=2.267 （b）H_d=60m，η=2.278 （c）H_d=80m，η=2.673

图9-5 不同覆土厚度的隧道围岩结构的安全系数和塑性应变云图

由图9-5可知，不同覆土厚度的黄土围岩隧道，超深埋隧道的安全系数最大为2.673，在埋深为60m的情况下为2.278，在浅埋下安全系数最小为2.267；临界塑性应变主要分布于隧洞的拱顶两侧和拱趾处，并随着隧道的埋深而不断向围岩周围扩展，而应变的最大值都是位于隧道的拱趾处。

9.2.2 大雨作用下的地震动稳定

在大雨渗流作用时，考虑近场有脉冲的地震作用，取降水强度为65mm/d，雨水的入渗深度为1.5m，取上覆土层厚度分别为30m、60m和80m，则不同覆土厚度下的结构分析模型右上角顶点的水平位移时程曲线分别如图9-6、图9-7、图9-8所示。

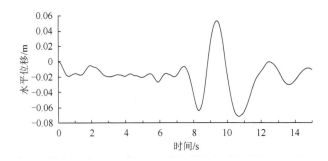

图 9-6　30m 节点 398 的水平位移时程曲线

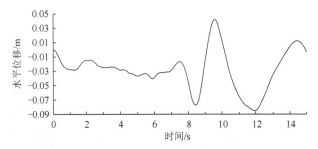

图 9-7　60m 节点 261 的水平位移时程曲线

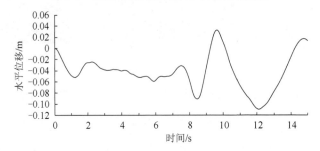

图 9-8　80m 节点 239 的水平位移时程曲线

　　由图 9-6、图 9-7、图 9-8 的水平位移时程曲线和后处理模块 List 中的 Extreme Values 得到不同覆土厚度的隧道取得最大水平位移的时刻分别为 10.67s，11.91s 和 12.10s，然后由 Value List 导出模型左右两侧边界处各节点在该时刻的水平位移，覆土厚度为 60m 的黄土隧道的边界节点在 11.91s 时刻的水平位移如表 9-3 所示。

　　然后分别将不同覆土厚度下隧道在该时刻的水平位移导入静力分析模型相应的各个节点中，通过计算得到不同覆土厚度的黄土隧道围岩结构在临界破坏状态下的安全系数和塑性应变云图如图 9-9 所示。

表 9-3　11.91s 时刻竖向边界节点水平位移

节点	水平位移/m	节点	水平位移/m	节点	水平位移/m	节点	水平位移/m
2	-3.73E-02	670	-4.29E-02	1417	-4.07E-02	2898	-2.02E-02
4	-6.32E-02	1113	-4.76E-02	1438	-4.13E-02	2919	-2.20.E-02
5	-4.19E-02	1114	-4.85E-02	2656	-3.16E-02	2940	-2.38E-02
34	-4.68E-02	1115	-4.93E-02	2657	-3.28E-02	2961	-2.55E-02
35	-2.89E-02	1116	-5.01E-02	2658	-3.39E-02	2982	-2.72E-02
66	-3.04E-02	1117	-5.09E-02	2659	-3.51E-02	3492	-4.02E-02
67	0.00E+00	1118	-5.17E-02	2660	-3.62E-02	3493	-6.24E-03
98	0.00E+00	1119	-5.25E-02	2661	-3.73E-02	3495	-1.04E-03
121	-3.78E-02	1120	-5.33E-02	2661	-3.84E-02	3496	-1.23E-03
122	-3.72E-02	1121	-5.42E-02	2663	-3.95E-02	3497	-1.42E-03
123	-3.44E-02	1122	-5.51E-02	2664	-4.06E-02	3498	-1.60E-03
395	-6.27E-02	1123	-5.62E-02	2665	-4.16E-02	3499	-1.79E-03
396	-6.33E-02	1124	-5.70E-02	2666	-4.27E-02	3500	-1.97E-03
397	-6.61E-02	1165	-3.00E-02	2667	-4.37E-02	3501	-2.15E-03
439	-4.23E-02	1186	-3.10E-02	2668	-4.48E-02	3502	-2.33E-03
460	-4.27E-02	1207	-3.20E-02	2669	-4.58E-02	3503	-2.51E-03
481	-4.31E-02	1228	-3.31E-02	2709	-2.63E-02	3504	-2.69E-03
502	-4.34E-02	1249	-3.40E-02	2730	-4.85E-03	3505	-2.87E-03
523	-4.36E-02	1270	-3.50E-02	2751	-6.96E-03	124	-2.86E-03
544	-4.39E-02	1291	-3.59E-02	2772	-8.92E-03	398	-7.17E-02
565	-4.40E-02	1312	-3.68E-02	2793	-1.09E-02	3494	-8.42E-03
586	-4.40E-02	1333	-3.77E-02	2814	-1.27E-02	649	-4.34E-02
607	-4.40E-02	1354	-3.85E-02	2835	-1.46E-02	1396	-4.00E-02
628	-4.39E-02	1375	-3.93E-02	2856	-1.65E-02	2877	-1.83E-02

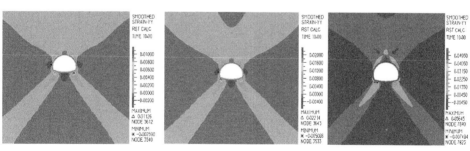

（a）H_d=30m，η = 2.265　　　（b）H_d=60m，η = 2.266　　　（c）H_d=80m，η = 2.669

图 9-9　不同覆土厚度的隧道围岩结构的安全系数和塑性应变云图

由图 9-9 可知，不同覆土厚度的隧道在临界破坏状态时，其安全系数随着埋深的增大而增大，在浅埋下安全系数为 2.265，在深埋下安全系数为 2.266，在超深埋下安全系数为 2.669。其塑性应变也对称分布在隧道的拱顶和拱趾两侧，最大值发生在拱趾部位。

9.2.3 暴雨作用下的地震动稳定

由于在雨期降水量比较丰富，故研究黄土隧道围岩结构在暴雨渗流作用下的动力稳定性有一定的必要性。选取暴雨的降水强度为 75mm/d，雨水的入渗深度为 2m，取上覆土层厚度分别为 30m、60m 和 80m，然后对动力分析模型进行求解，得到不同覆土厚度的隧道右上角节点的水平位移时程曲线如图 9-10、图 9-11、图 9-12 所示。

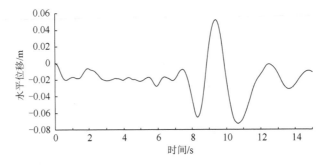

图 9-10　30m 节点 456 的水平位移时程曲线

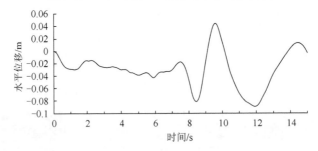

图 9-11　60m 节点 261 的水平位移时程曲线

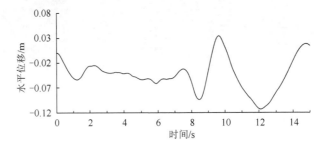

图 9-12　80m 节点 239 的水平位移时程曲线

由水平位移时程曲线得到右上角节点取得最大位移的时刻分别为 10.67s、11.91s 和 12.10s，并由后处理模块得到左右边界各节点在该时刻的水平位移，导出浅埋黄土隧道围岩结构在该时刻 10.67s 的水平位移如表 9-4 所示。

表 9-4 10.67s 时刻竖向边界节点水平位移

节点	水平位移/m	节点	水平位移/m	节点	水平位移/m	节点	水平位移/m
5	-4.19E-02	644	-4.39E-02	1391	-3.77E-02	2872	-1.27E-02
34	-4.70E-02	665	-4.39E-02	1412	-3.85E-02	2893	-1.46E-02
35	-2.89E-02	686	-4.38E-02	1433	-3.93E-02	2914	-1.65E-02
66	-3.06E-02	707	-4.33E-02	1454	-4.00E-02	2935	-1.83E-02
67	0.00E+00	728	-4.28E-02	1475	-4.07E-02	2956	-2.02E-02
98	0.00E+00	1171	-4.78E-02	1496	-4.13E-02	2977	-2.20E-02
121	-3.73E-02	1172	-4.86E-02	2714	-3.17E-02	2998	-2.38E-02
122	-3.83E-02	1173	-4.94E-02	2715	-3.29E-02	3019	-2.55E-02
123	-3.88E-02	1174	-5.01E-02	2716	-3.40E-02	3040	-2.72E-02
124	-3.77E-02	1175	-5.09E-02	2717	-3.52E-02	3550	-4.04E-03
125	-3.42E-02	1176	-5.17E-02	2718	-3.63E-02	3551	-6.27E-03
126	-2.76E-02	1177	-5.25E-02	2719	-3.74E-02	3552	-8.45E-03
451	-6.30E-02	1178	-5.33E-02	2720	-3.85E-02	3553	-1.04E-02
452	-6.21E-02	1179	-5.42E-02	2721	-3.96E-02	3554	-1.24E-02
453	-6.17E-02	1180	-5.50E-02	2722	-4.07E-02	3555	-1.42E-02
454	-6.30E-02	1181	-5.62E-02	2723	-4.18E-02	3556	-1.61E-02
455	-6.59E-02	1182	-5.72E-02	2724	-4.29E-02	3557	-1.79E-02
456	-7.24E-02	1223	-3.00E-02	2725	-4.39E-02	3558	-1.98E-02
497	-4.23E-02	1244	-3.10E-02	2726	-4.49E-02	3559	-2.16E-02
518	-4.27E-02	1265	-3.21E-02	2727	-4.60E-02	3560	-2.34E-02
539	-4.30E-02	1286	-3.31E-02	2767	-2.62E-03	3561	-2.52E-02
560	-4.33E-02	1307	-3.41E-02	2788	-4.84E-03	3562	-2.70E-02
581	-4.36E-02	1328	-3.50E-02	2809	-6.95E-03	3563	-2.88E-02
602	-4.38E-02	1349	-3.59E-02	2830	-8.92E-03		
623	-4.39E-02	1370	-3.68E-02	2851	-1.80E-02		

然后分别将该时刻的水平位移导入静力分析模型中，通过不同折减黄土体的抗剪强度参数，从而得到不同覆土厚度的黄土隧道结构在临界破坏状态下的安全系数和塑性应变云图如图 9-13 所示。

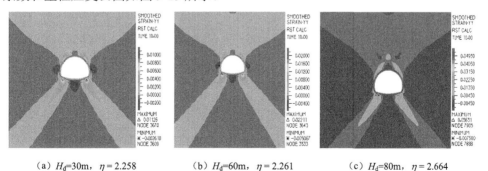

（a）H_d=30m，η = 2.258　　　（b）H_d=60m，η = 2.261　　　（c）H_d=80m，η = 2.664

图 9-13 不同覆土厚度的隧道围岩结构的安全系数和塑性应变云图

由图 9-13 可知，不同覆土厚度的隧道在暴雨渗流作用下，在临界破坏前，其安全系数随着隧道埋深的增大而增大，隧道在浅埋情况下其安全系数为 2.258，在深埋情况下其安全系数为 2.261，在超深埋情况下其安全系数为 2.664。在临界破坏前，主要破坏区域发生在拱趾两侧，拱顶两侧也有部分塑性应变发生。

综上所述，可得出如下结论：

（1）不同覆土厚度的黄土隧道围岩结构在相同降水强度的雨水渗流作用下，在临界破坏状态下，围岩结构的安全系数随着隧道埋深的增大而增大。在中雨渗流作用下，隧道的安全系数由 2.267 增大到 2.278 最后达到 2.673；在大雨渗流作用下，隧道的安全系数由 2.265 增大到 2.266 最后达到 2.669；在暴雨渗流作用下，隧道的安全系数由 2.258 增大到 2.261 最后达到 2.664；塑性应变也随着埋深的增大其分布范围不断地扩大，并且主要分布在拱顶两侧和拱趾处，在隧道两侧的拱趾处达到最大值。

（2）相同覆土厚度的黄土隧道围岩结构，考虑不同降水强度的雨水对隧道结构稳定性的影响时，由安全系数可知，黄土隧道围岩结构的安全系数随着雨水渗入土体深度的增大而不断减小，在浅埋情况下，隧道的安全系数由 2.267 降低到 2.265 最后达到 2.258；在深埋情况下，隧道的安全系数由 2.278 降低到 2.266 最后达到 2.261；在超深埋情况下，隧道的安全系数由 2.673 降低到 2.669 最后达到 2.664。

以上两点说明，隧道的稳定性与隧道的上覆岩层厚度和雨水渗入土体深度都有很直接的关系。

参 考 文 献

[1] 谭新, 陈善雄, 杨明. 降水条件下土坡饱和-非饱和渗流分析[J]. 岩土力学, 2003, 24(3): 381-384.

[2] 张卓, 练继建, 杨晓慧, 等. 岩质边坡在降水条件下的稳定性分析[J]. 哈尔滨工业大学学报, 2009, (10): 202-205.

[3] 付宏渊, 曾铃, 王桂尧, 等. 降水入渗条件下软岩边坡稳定性分析[J]. 岩土力学, 2012, 33(8): 2359-2365.

[4] 李海亮, 黄润秋, 吴礼舟, 等. 非均质土坡降水入渗的耦合过程及稳定性分析[J]. 水文地质工程地质, 2013, 40 (4): 70-76.

[5] 苏洪健, 刘子振, 黄知花, 等. 持续降水条件下土质边坡雨水入渗深度模拟试验[J]. 中国科技论文, 2015, 10(1): 91-94.

第10章 列车荷载和雨水渗流作用下黄土隧道结构的地震动稳定

隧道在多场耦合作用下有可能会处于更不利的状态，应综合考虑列车荷载和雨水渗流的共同作用[1-4]。在结构分析模型的隧洞拱底部设置隧道底部填充层、混凝土路面和轨道结构，并间隔一定的距离设置两点，作为施加竖向的列车移动荷载的位置。采用动力有限元静力强度折减法，不断折减黄土体的围岩参数得到不同覆土厚度和不同降水强度下隧道在临界破坏状态下的安全系数、塑性应变云图，然后将这些数据与前面章节的数值结果对比，从而分析隧道结构的动力稳定性。

10.1 计算参数及分析模型

10.1.1 计算参数

本章在进行计算时，所采用的围岩等级、围岩材料参数和衬砌材料参数同第8章的数据；在考虑列车荷载时，隧底设置的隧道底部填充、混凝土基础和轨道板的材料参数同表8-2所示；在考虑雨水渗流作用时降水前后的黄土材料参数设置同第9章的数据。

10.1.2 分析模型

在建立曲墙断面型式的结构分析模型时，在对围岩、衬砌结构和人工黏弹性边界的单元定义和网格划分时参照第3章的内容。在考虑列车荷载作用时，在轨道板上间隔一定的距离选择两点作为列车荷载的作用位置，并将该模拟时程曲线沿竖向施加到这两点上。上覆土层厚度为30m的黄土隧道在列车荷载和中雨渗流作用下的结构分析模型如图10-1所示。

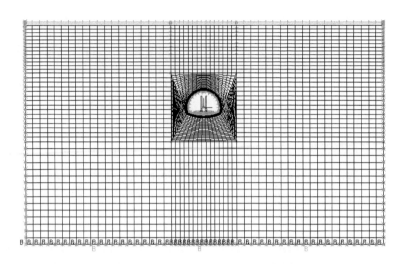

图 10-1　列车荷载和雨水渗流作用的结构分析模型

10.2　列车荷载和不同降水条件下黄土隧道结构的地震动稳定

10.2.1　列车荷载和中雨作用下的地震动稳定

考虑隧道的地震动作用时,采用对结构安全性影响最大的近场有脉冲地震波,沿着模型的水平方向输入加速度时程曲线。取隧道的上覆土层厚度分别为 30m、60m 和 80m,降水强度为 30mm/d,雨水渗透到地表以下 1m 的位置。采用动力有限元静力强度折减法时,进行运行求解得到分析模型右侧顶点 342、205 和 239 的水平位移时程曲线分别如图 10-2、图 10-3 和图 10-4 所示。

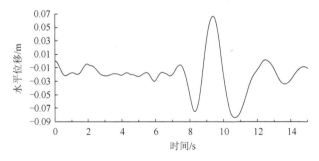

图 10-2　30m 节点 342 的水平位移时程曲线

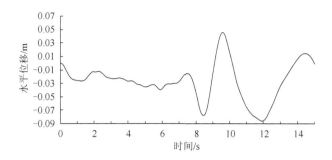

图 10-3　60m 节点 205 的水平位移时程曲线

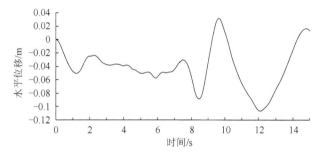

图 10-4　80m 节点 239 的水平位移时程曲线

然后由 Extreme Value 得到模型在 10.67s,11.91s 和 12.10s 时刻取得最大的水平位移值,再由 Value List 导出动力模型左右两侧边界的各节点在该时刻的水平位移,那么浅埋黄土隧道在 10.67s 时刻左右两侧边界的水平位移如表 10-1 所示。

表 10-1　10.67s 时刻竖向边界节点水平位移

节点	水平位移/m	节点	水平位移/m	节点	水平位移/m	节点	水平位移/m
2	−3.91E−02	425	−4.39E−02	1064	−5.45E−02	1340	−4.08E−02
4	−6.36E−02	446	−4.42E−02	1065	−5.54E−02	1361	−4.15E−02
5	−4.27E−02	467	−4.45E−02	1066	−5.63E−02	1382	−4.21E−02
34	−4.78E−02	488	−4.47E−02	1067	−5.74E−02	2600	−3.22E−02
35	−2.94E−02	509	−4.49E−02	1068	−5.85E−02	2601	−3.34E−02
66	−3.11E−02	530	−4.49E−02	1109	−2.99E−02	2602	−3.46E−02
67	0.00E+00	551	−4.49E−02	1130	−3.05E−02	2603	−3.58E−02
98	0.00E+00	572	−4.38E−02	1151	−3.16E−02	2604	−3.69E−02
121	−3.94E−02	614	−4.38E−02	1172	−3.26E−02	2605	−3.81E−02
122	−3.75E−02	1057	−4.87E−02	1193	−3.37E−02	2606	−3.92E−02
123	−3.12E−02	1058	−4.95E−02	1086	−3.47E−02	2607	−4.03E−02
340	−6.34E−02	1059	−5.03E−02	1214	−3.56E−02	2608	−4.14E−02
341	−6.54E−02	1060	−5.11E−02	1235	−3.66E−02	2609	−4.25E−02
342	−7.15E−02	1061	−5.20E−02	1256	−3.75E−02	2610	−4.36E−02
383	−4.31E−02	1062	−5.28E−02	1277	−3.84E−02	2611	−4.47E−02
404	−4.35E−02	1063	−5.37E−02	1298	−3.92E−02	2612	−4.57E−02

节点	水平位移/m	节点	水平位移/m	节点	水平位移/m	节点	水平位移/m
2613	−4.68E−02	2821	−1.87E−02	3738	−8.59E−03	3446	−2.38E−02
2653	−2.68E−03	2842	−2.05E−02	3439	−1.06E−02	3447	−2.56E−02
2674	−4.94E−03	2863	−2.24E−02	3440	−1.26E−02	3448	−2.74E−02
2695	−7.09E−03	2884	−2.42E−02	3441	−1.45E−02	3449	−2.92E−02
2716	−9.09E−03	2905	−2.60E−02	3442	−1.64E−02	593	−4.43E−02
2737	−1.11E−02	2926	−2.77E−02	3443	−1.82E−02	1319	−4.00E−02
2758	−1.30E−02	3436	−4.11E−03	3444	−2.01E−02	2800	−1.68E−02
2779	−1.49E−02	3437	−6.38E−03	3445	−2.19E−02		

　　将表 10-1 的位移值施加到静力分析模型左右两侧边界的各个节点中，通过不断折减黄土围岩的抗剪强度参数，从而得到黄土隧道围岩结构在不同覆土厚度情况下的安全系数和塑性应变云图（图 10-5）。

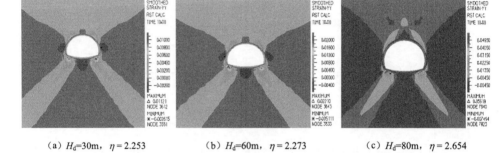

　（a）H_d=30m，η=2.253　　　（b）H_d=60m，η=2.273　　　（c）H_d=80m，η=2.654

图 10-5　不同覆土厚度的隧道围岩结构的安全系数和塑性应变云图

　　由图 10-5 可知，在考虑列车振动荷载和雨水渗流作用的情况下，不同覆土厚度的黄土隧道在利用折减法所得到的安全系数判断隧道的稳定性时，深埋隧道比浅埋隧道的安全系数大，稳定性也比浅埋隧道的稳定性好；隧道的塑性应变主要分布在拱顶两侧以及拱趾处，最大值位于拱趾部位，说明隧道随着埋深的减小安全性和稳定性也不断降低。

10.2.2　列车荷载和大雨作用下的地震动稳定

　　在考虑大雨渗流作用对隧道稳定性的影响时，取雨水的降水强度为 65mm/d，雨水的入渗深度为 1.5m，上覆土层厚度分别为 30m、60m 和 80m，由计算可得不同覆土厚度的隧道模型右上角顶点的水平位移时程曲线分别如图 10-6、图 10-7、图 10-8 所示。

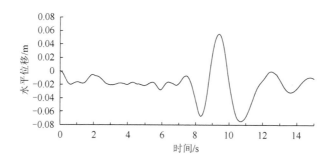

图 10-6　覆土厚度 30m 的隧道右上顶点的水平位移时程曲线

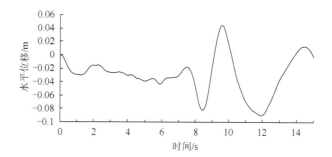

图 10-7　覆土厚度 60m 的隧道右上顶点的水平位移时程曲线

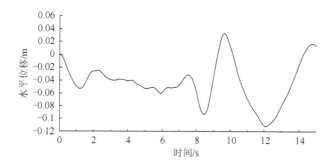

图 10-8　覆土厚度 80m 的隧道右上顶点的水平位移时程曲线

由图 10-6、图 10-7、图 10-8 的水平位移时程曲线和软件后处理模块 List 中的 Extreme Values 得到模型取得最大位移的时刻分别为 10.67s、11.91s 和 12.10s，然后再由 Value List 导出模型左右两侧边界处各节点在该时刻的水平位移，则覆土厚度为 30m 的黄土隧道左右两侧边界节点在 10.67s 时刻的水平位移数值如表 10-2 所示。

表 10-2　　10.67s 时刻竖向边界节点水平位移

节点	水平位移/m	节点	水平位移/m	节点	水平位移/m	节点	水平位移/m
2	-3.88E-02	670	-4.66E-02	1417	-4.23E-02	2898	-2.10E-02
4	-6.58E-02	1113	-4.96E-02	1438	-4.30E-02	2919	-2.28E-02
5	-4.36E-02	1114	-5.04E-02	2656	-3.29E-02	2940	-2.47E-02
34	-4.88E-02	1115	-5.13E-02	2657	-3.41E-02	2961	-2.65E-02
35	-3.00E-02	1116	-5.21E-02	2658	-3.53E-02	2982	-2.83E-02
66	-3.17E-02	1117	-5.30E-02	2659	-3.65E-02	3492	-4.19E-02
67	0.00E+00	1118	-5.38E-02	2660	-3.77E-02	3493	-6.50E-03
98	0.00E+00	1119	-5.47E-02	2661	-3.88E-02	3495	-1.08E-03
121	-3.93E-02	1120	-5.55E-02	2661	-4.00E-02	3496	-1.28E-03
122	-3.87E-02	1121	-5.64E-02	2663	-4.11E-02	3497	-1.48E-02
123	-3.57E-02	1122	-5.73E-02	2664	-4.23E-02	3498	-1.67E-02
395	-6.53E-02	1123	-5.85E-02	2665	-4.34E-02	3499	-1.86E-02
396	-6.59E-02	1124	-5.96E-02	2666	-4.45E-02	3500	-2.05E-02
397	-6.88E-02	1165	-3.11E-02	2667	-4.56E-02	3501	-2.24E-02
439	-4.40E-02	1186	-3.22E-02	2668	-4.66E-02	3502	-2.43E-02
460	-4.44E-02	1207	-3.33E-02	2669	-4.77E-02	3503	-2.61E-02
481	-4.48E-02	1228	-3.43E-02	2709	-2.74E-02	3504	-2.80E-02
502	-4.51E-02	1249	-3.54E-02	2730	-5.04E-03	3505	-2.98E-02
523	-4.54E-02	1270	-3.64E-02	2751	-7.23E-03	124	-2.97E-02
544	-4.56E-02	1291	-3.73E-02	2772	-9.28E-03	398	-7.46E-02
565	-4.57E-02	1312	-3.83E-02	2793	-1.13E-03	3494	-8.76E-03
586	-4.58E-02	1333	-3.91E-02	2814	-1.32E-02	649	-4.51E-02
607	-4.58E-02	1354	-4.00E-02	2835	-1.52E-02	1396	-4.16E-02
628	-4.56E-02	1375	-4.08E-02	2856	-1.71E-02	2877	-1.91E-02

　　将表 10-2 的位移值施加到静力分析模型左右两侧边界相应的节点上,折减黄土围岩的抗剪强度参数,最后得到不同覆土厚度的黄土隧道结构在列车荷载和大雨渗流作用下的安全系数和临界塑性应变云图如图 10-9 所示。

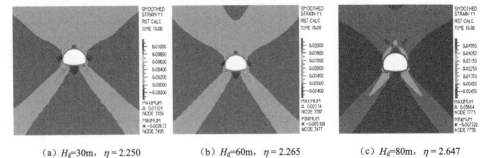

　　(a) H_d=30m, η = 2.250　　　　(b) H_d=60m, η = 2.265　　　　(c) H_d=80m, η = 2.647

图 10-9　不同覆土厚度的隧道围岩结构的安全系数和塑性应变云图

　　由图 10-9 可知,在考虑列车荷载和大雨渗流作用的情况下,覆土厚度为 30m 的隧道安全系数为 2.250,在深埋下的安全系数为 2.265,在超深埋下的安全系数为 2.647;从临界塑性应变云图可知,隧道的塑性应变主要分布在拱顶两侧以及拱趾处，临界应变的最大值在两侧拱趾处，说明随着埋深的减小隧道安全性和稳定性也不断降低。

10.2.3　列车荷载和暴雨作用下的地震动稳定

在暴雨渗流作用下，取降水强度为 75mm/d，且雨水的入渗深度为 2m，考虑黄土隧道的上覆土层厚度分别为 30m、60m 和 80m，在模型的底部沿水平向输入近场有脉冲的地震波，然后对该动力分析模型进行运行求解，得到不同覆土厚度的隧道模型右上角顶点的水平位移时程曲线分别如图 10-10、图 10-11 和图 10-12所示。

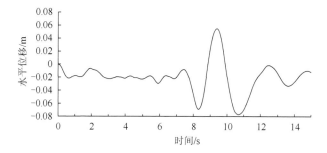

图 10-10　覆土厚度 30m 的隧道模型右上角顶点的水平位移时程曲线

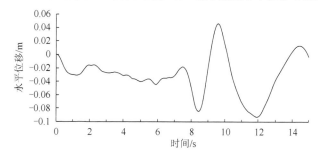

图 10-11　覆土厚度 60m 的隧道模型右上角顶点的水平位移时程曲线

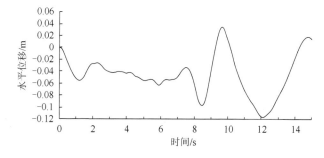

图 10-12　覆土厚度 80m 的隧道模型右上角顶点的水平位移时程曲线

由图 10-10、图 10-11、图 10-12 中的水平位移时程曲线可知右上角节点取得最大水平位移的时刻分别为 10.67s、11.91s 和 12.10s，并在后处理模块中得到不同覆土厚度的隧道分析模型左右边界的各节点在该时刻的水平位移，可知浅埋黄土隧道分析模型在 10.67s 时刻的水平位移如表 10-3 所示。

表 10-3　10.67s 时刻竖向边界节点水平位移

节点	水平位移/m	节点	水平位移/m	节点	水平位移/m	节点	水平位移/m
5	-4.44E-02	644	-4.65E-02	1391	-3.99E-02	2872	-1.35E-02
34	-4.98E-02	665	-4.65E-02	1412	-4.08E-02	2893	-1.55E-02
35	-3.06E-02	686	-4.64E-02	1433	-4.16E-02	2914	-1.75E-02
66	-3.24E-02	707	-4.59E-02	1454	-4.24E-02	2935	-1.94E-02
67	0.00E+00	728	-4.53E-02	1475	-4.31E-02	2956	-2.14E-02
98	0.00E+00	1171	-5.07E-02	1496	-4.38E-02	2977	-2.33E-02
121	-3.96E-02	1172	-5.15E-02	2714	-3.37E-02	2988	-2.52E-03
122	-4.06E-02	1173	-5.24E-02	2715	-3.49E-02	3019	-2.70E-03
123	-4.11E-02	1174	-5.32E-02	2716	-3.61E-02	3040	-2.89E-03
124	-3.99E-02	1175	-5.41E-02	2717	-3.73E-02	3550	-4.28E-02
125	-3.62E-02	1176	-5.49E-02	2718	-3.85E-02	3551	-6.65E-02
126	-2.92E-02	1177	-5.57E-02	2719	-3.97E-02	3551	-8.96E-02
451	-6.68E-02	1178	-5.66E-02	2720	-4.09E-02	3553	-1.11E-02
452	-6.59E-02	1179	-5.75E-02	2721	-4.21E-02	3554	-1.31E-02
453	-6.54E-02	1180	-5.84E-02	2722	-4.32E-02	3555	-1.51E-02
454	-6.68E-02	1181	-5.96E-02	2723	-4.44E-02	3556	-1.71E-02
455	-6.99E-02	1182	-6.07E-02	2724	-4.55E-02	3557	-1.90E-02
456	-7.68E-02	1223	-3.17E-02	2725	-4.66E-02	3558	-2.10E-02
497	-4.48E-02	1244	-3.29E-02	2726	-4.77E-03	3559	-2.29E-02
518	-4.52E-02	1265	-3.40E-02	2727	-4.88E-03	3560	-2.48E-02
539	-4.56E-02	1286	-3.50E-02	2767	-2.78E-03	3561	-2.67E-02
560	-4.59E-02	1307	-3.61E-02	2788	-5.13E-02	3562	-2.86E-02
581	-4.62E-02	1328	-3.71E-02	2809	-7.36E-02	3563	-3.05E-02
602	-4.64E-02	1349	-3.81E-02	2830	-9.45E-02		
623	-4.65E-02	1370	-3.90E-02	2851	-1.15E-02		

　　分别将该时刻的水平位移导入不同覆土厚度的隧道静力分析模型中，不断折减黄土围岩的抗剪强度参数，从而得到黄土隧道围岩结构在临界破坏状态下的安全系数和塑性应变云图（图 10-13）。

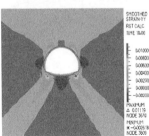 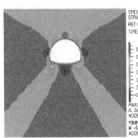 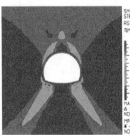

（a）H_d=30m，η= 2.248　　　（b）H_d=60m，η= 2.260　　　（c）H_d=80m，η= 2.641

图 10-13　不同覆土厚度的隧道围岩结构的安全系数和塑性应变云图

由图 10-13 可知，在考虑列车振动荷载作用的情况下，不同覆土厚度的黄土隧道围岩结构在临界破坏状态下的安全系数呈现一定的规律性，随着埋深的增加隧道的安全系数呈现增大的趋势，说明深埋隧道的稳定性比浅埋隧道的稳定性好；从塑性应变云图可知，不同埋深的隧道塑性应变分布范围主要位于隧洞两侧的拱顶和拱趾处，并且应变的最大值由拱腰两侧下方逐渐扩展到拱趾处，说明隧道随着埋深的减小安全性和稳定性也不断降低。

根据本章和第 9 章计算得到的黄土隧道结构在各种情况下的安全系数，通过对比分析可知影响隧道稳定性的因素，其安全系数对比情况如图 10-14 和图 10-15 所示。

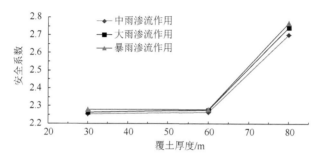

图 10-14　不同降水强度下黄土隧道的安全系数

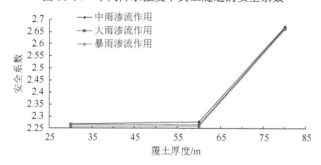

图 10-15　列车荷载和不同降水强度下黄土隧道的安全系数

由图 10-14 可知，不同覆土厚度隧道的安全系数在不同的降水强度下呈现一定的规律性，在相同的降水强度下不同覆土厚度隧道的安全系数随着埋深的增大而增大，相同覆土厚度隧道的安全系数在不同的降水强度下随着雨水入渗深度的增大而不断减小。在雨水入渗深度为 1m 的情况下，覆土厚度由 30m 上升到 60m，安全系数提高了 0.484%，覆土厚度由 60m 上升到 80m，安全系数提高了 17.34%；在雨水入渗深度为 1.5m 的情况下，覆土厚度由 30m 上升到 60m，安全系数提高了 0.044%，覆土厚度由 60m 上升到 80m，安全系数提高了 17.78%；在雨水入渗深度为 2m 的情况下，覆土厚度由 30m 上升到 60m，安全系数提高了 0.133%，覆土厚度由 60m 上升到 80m，安全系数提高了 17.82%。

　　由图 10-15 可知，在列车振动荷载和雨水渗流的共同作用下，黄土隧道围岩结构的安全系数随着埋深的增大而增大，随着降水强度的增大而减小。覆土厚度为 30m 的黄土隧道在不同的降水强度下，安全系数比没有雨水渗流作用下的安全系数下降了 0.443%～0.662%，覆土厚度为 60m 的黄土隧道在不同的降水强度下，安全系数比没有雨水渗流作用下的安全系数下降了 0.044%～0.220%；覆土厚度为 80m 的黄土隧道在不同的降水强度下，安全系数比没有雨水作用下的安全系数下降了 0.711%～0.863%。

　　由以上的数值分析结果可知，在列车振动荷载和雨水渗流的共同作用下，由于列车的振动加快了土体的液化相应也加剧了液体对土体的渗流影响。因此在中雨渗流作用下，不同覆土厚度的隧道安全系数由 2.253 逐渐增大到 2.273 然后达到超深埋下的 2.654。在大雨渗流作用下，隧道的安全系数由浅埋下的 2.250 增大到深埋情况下的 2.265 然后达到超深埋情况下的 2.647。在暴雨的渗流作用下，隧道的安全系数由浅埋下的 2.248 增大到深埋情况下的 2.260 然后达到超深埋情况下的 2.641。

参 考 文 献

[1] 高广运, 李宁, 何俊锋, 等. 列车移动荷载作用下饱和地基的地面振动特性分析[J]. 振动与冲击, 2011, 30(6): 86-92.

[2] 王玉, 张荣新. 列车荷载作用下板式轨道与饱和地基动力分析[J]. 铁道工程学报, 2012, (8): 34-39.

[3] 戴林发宝, 苑俊杰, 高波. 狮子洋隧道洞口列车振动流固耦合分析[J]. 路基工程, 2012, (2): 42-45.

[4] 曹奕, 蒋军, 谢康和, 等. 列车荷载作用下渗漏隧道的长期非线性固结[J]. 哈尔滨工业大学学报, 2015, 47(12): 50-56.

第11章 考虑黄土动参数的隧道结构地震动稳定

目前我国的黄土隧道主要修建在地震烈度较高的西部地区，因此隧道需要很好的抗震性能和安全保证。考虑到地震作用对土体有扰动，影响土体的结构特性，合理研究地震作用下黄土动参数对隧道稳定性的影响是十分必要的。本章主要利用动力有限元静力强度折减法研究黄土隧道的地震动稳定，并考虑不同覆土厚度和含水率对地震作用下黄土隧道稳定性安全系数和塑性区的影响，得到黄土隧道的破坏机理，可以用来指导黄土隧道的设计和施工。

11.1 边 界 条 件

边界条件选取黏弹性人工边界[1-6]。不同围压情况下黄土的黏弹性人工边界上法向与切向的弹簧刚度及阻尼系数见表 11-1。

表 11-1 黏弹性边界计算参数

含水率/%	围压/MPa	法向弹簧刚度 K_{BN}/（N/m）	法向阻尼系数 C_{BN}/（N·s/m）	切向弹簧刚度 K_{BT}/（N/m）	法向阻尼系数 C_{BT}/（N·s/m）
	100	3.025E+5	3.257E+4	1.512E+5	1.565E+4
5	150	4.454E+5	3.953E+4	2.227E+5	1.899E+4
	200	9.437E+5	5.754E+4	4.718E+5	2.764E+4
	100	2.554E+5	2.993E+4	1.277E+5	1.438E+4
10	150	2.794E+5	3.111E+4	1.397E+5	1.495E+4
	200	3.458E+5	3.483E+4	1.729E+5	1.673E+4
	100	1.976E+5	2.633E+4	9.88E+4	1.265E+4
15	150	2.141E+5	2.741E+4	1.071E+5	1.316E+4
	200	2.348E+5	2.870E+4	1.174E+5	1.379E+4

11.2 分 析 模 型

由于隧道尺寸远远小于其纵向的长度，因此可以按照平面的应变问题进行考虑，根据现有文献[7]，从黄土隧道围岩结构半无限空间体中选取厚度为 1 的隔离体，建立二维平面模型。

取隧道模型的原始跨度为 12m，高度为 8m，初衬和二衬分别采用厚度为 30cm 和 50cm 的混凝土。考虑围岩强度储备问题和数值模拟过程的效率等，半无限空间体隧道底部取 5 倍洞室高度即 40m，隧道左右两侧各取 5 倍洞室跨度即 60m 为隔离体的计算范围。分析模型如图 11-1。

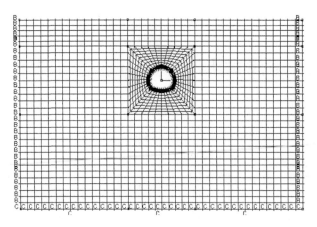

图 11-1　分析模型

11.3　计算参数

本书选用山西太原黄土为分析对象，由文献[8]可知动参数与含水率之间的关系。屈服准则采用莫尔-库仑准则，隧道衬砌的混凝土采用弹性材料，黄土隧道各材料的物理力学指标参数见表 11-2。

表 11-2　材料的物理力学参数

材料类别	最大动弹性模量/GPa	泊松比	天然重度/(kN/m³)	动黏聚力/kPa	动内摩擦角/(°)
黄土（含水率 5%）	—	0.35	13.44	57.41	22.27
黄土（含水率 10%）	—	0.35	14.08	23.2	24.6
黄土（含水率 15%）	—	0.35	14.72	15.2	23.9
初次衬砌	30	0.2	25	—	—
二次衬砌	30	0.2	25	—	—

陈丽[9]在黄土的动力试验的基础上，对非饱和黄土的最大动弹性模量进行了分析，得到山西太原原状黄土在不同含水率时最大动弹性模量与围压的关系。含水率为 5%、10% 和 15% 时，不同围压下的最大动弹性模量的数值见表 11-3。

表 11-3　最大动弹性模量

含水率/%	最大动弹性模量/GPa		
	围压 100kPa	围压 150kPa	围压 200kPa
5	51.63	76.05	161.16
10	43.59	47.11	59.06
15	33.75	36.56	40.08

在利用黄土进行动三轴试验时，选用了不同的围压，且固结比 K_c=1.69，围压为 100kPa、150kPa 和 200kPa 对应的轴向压力分别为 169kPa、253.5kPa 和 338kPa。再将轴向压力根据土体自重转换为上覆土层厚度。

由于选取土层上覆土厚度较低，因此假设该土层内的分层数为一层，通过计算可以将不同的围压换算成黄土隧道的覆土厚度，换算结果见表 11-4。

表 11-4 不同围压对应的覆土厚度

围压/kPa	覆土厚度/m
100	13.2
150	19.8
200	26.4

11.4 不同含水率情况下黄土隧道结构的地震动稳定

11.4.1 含水率 5%

分别取覆土厚度为 13.2m、19.8m 和 26.4m 时黄土隧道地震响应分析后模型右上角节点的水平位移时程曲线。覆土 13.2m 模型右上角的节点为 1940，覆土 19.8m 模型右上角的节点为 2018，覆土 26.4m 模型右上角的节点为 2070。将三个不同节点的水平位移时程曲线绘制如下，见图 11-2～图 11-4。

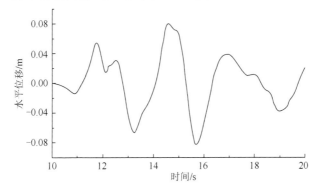

图 11-2 节点 1940 水平位移时程曲线

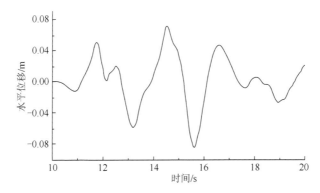

图 11-3 节点 2018 水平位移时程曲线

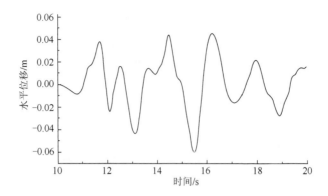

图 11-4　节点 2070 水平位移时程曲线

由图 11-4 可知，节点 1940 正向位移峰值出现在 14～15s，在后处理中，提取节点 1940 在 14～15s 的水平位移，见表 11-5。

表 11-5　14～15s 节点 1940 水平位移

时间/s	位移/m	时间/s	位移/m	时间/s	位移/m	时间/s	位移/m
14	−8.183E−3	14.26	3.017E−2	14.52	7.916E−2	14.78	7.304E−2
14.02	−5.431E−3	14.28	3.420E−2	14.54	7.995E−2	14.8	7.227E−2
14.04	−2.654E−3	14.3	3.854E−2	14.56	8.022E−2	14.82	7.180E−2
14.06	1.446E−4	14.32	4.317E−2	14.58	8.009E−2	14.84	7.168E−2
14.08	2.917E−3	14.34	4.805E−2	14.6	7.967E−2	14.86	7.169E−2
14.1	5.646E−3	14.36	5.294E−2	14.62	7.908E−2	14.88	7.144E−2
14.12	8.360E−3	14.38	5.756E−2	14.64	7.845E−2	14.9	7.082E−2
14.14	1.109E−2	14.4	6.186E−2	14.66	7.791E−2	14.92	6.987E−2
14.16	1.388E−2	14.42	6.590E−2	14.68	7.743E−2	14.94	6.866E−2
14.18	1.677E−2	14.44	6.965E−2	14.7	7.681E−2	14.96	6.719E−2
14.2	1.979E−2	14.46	7.298E−2	14.72	7.598E−2	14.98	6.537E−2
14.22	2.300E−2	14.48	7.572E−2	14.74	7.501E−2	15	6.307E−2
14.24	2.645E−2	14.5	7.778E−2	14.76	7.399E−2		

由表 11-5 可以看出，在 14.56s 时节点 1940 水平位移达到最大值 8.022E−2m。因此时刻为 14.56s，由后处理的 Value List 选项可得到动力模型两侧竖向边界所有节点在 14.56s 时刻的水平位移，如表 11-6。

表 11-6　14.56s 时刻边界节点水平位移

节点	位移/m	节点	位移/m	节点	位移/m	节点	位移/m
1844	7.648E−2	562	7.180E−2	642	6.218E−2	722	5.732E−2
1890	7.646E−2	578	7.009E−2	658	6.020E−2	738	5.677E−2
129	7.502E−2	594	6.823E−2	674	5.827E−2	754	5.590E−2
530	7.467E−2	610	6.627E−2	690	5.814E−2	770	5.495E−2
546	7.331E−2	626	6.424E−2	706	5.772E−2	786	5.333E−2

节点	位移/m	节点	位移/m	节点	位移/m	节点	位移/m
802	5.143E-2	1955	8.030E-2	497	6.454E-2	1193	1.538E-2
818	4.863E-2	369	7.896E-2	513	6.088E-2	1208	9.610E-3
834	4.508E-2	385	7.876E-2	529	5.576E-2	1223	4.596E-3
850	4.083E-2	401	7.762E-2	1103	5.113E-2	1238	2.429E-4
866	3.521E-2	417	7.625E-2	1118	4.560E-2	1253	-3.492E-3
882	2.784E-2	433	7.457E-2	1133	3.973E-2	1268	-5.837E-3
898	1.878E-2	449	7.264E-2	1148	3.363E-2	1283	-6.777E-3
914	0	465	7.035E-2	1163	2.753E-2	1298	-5.643E-3
1940	8.022E-2	481	6.769E-2	1178	2.123E-2	1313	0

　　将表 11-6 中所有边界节点的水平位移作为初始位移输入静力模型中，再利用动力有限元静力强度折减法对黄土隧道进行地震动稳定分析。

　　用同样的方法可以得到覆土厚度 19.8m 时，水平位移最大时刻在 14.52s；覆土厚度 26.4m 时，水平位移最大时刻在 14.48s。

　　利用动力有限元静力强度折减法，通过不断折减围岩黄土的抗剪强度参数，直至数值分析模型不收敛，得到含水率为 5% 时，覆土厚度分别为 13.2m、19.8m 和 26.4m 时隧道的安全系数和塑性区分布图，具体见图 11-5。

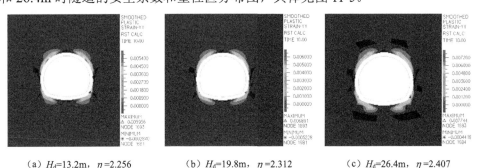

（a）H_d=13.2m，η=2.256　　　（b）H_d=19.8m，η=2.312　　　（c）H_d=26.4m，η=2.407

图 11-5　不同覆土厚度的隧道安全系数和塑性应变云图

　　由图 11-5 可以看出，7 度罕遇地震作用下黄土隧道最先出现塑性区的位置隧道两侧拱脚及拱肩周边部位，拱顶未出现塑性区，较为安全。当黄土隧道的覆土厚度为 13.2m、19.8m 和 26.4m 时，黄土隧道塑性区域面积开始慢慢增大，塑性区逐渐由衬砌向围岩黄土发展。随着覆土厚度的增加，安全系数也逐渐增加，分别为 2.256、2.312 和 2.407。

11.4.2　含水率 10%

　　分别取覆土厚度为 13.2m、19.8m 和 26.4m 时黄土隧道地震响应分析后模型右上角节点的水平位移时程曲线。覆土 13.2m 模型右上角的节点为 1940，覆土 19.8m 模型右上角的节点为 2018，覆土 26.4m 模型右上角的节点为 2070。将三个不同节点的水平位移时程曲线绘制如图 11-6～图 11-8。

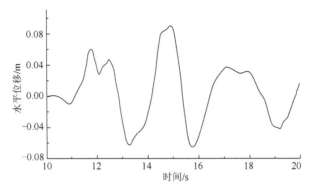

图 11-6　节点 1940 水平位移时程曲线

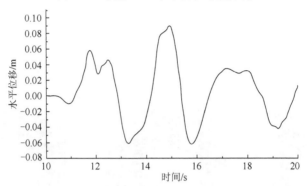

图 11-7　节点 2018 水平位移时程曲线

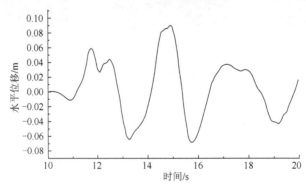

图 11-8　节点 2070 水平位移时程曲线

　　分析可知，覆土厚度为 13.2m 时，水平位移最大时刻在 14.92s；覆土厚度为 19.8m 时，水平位移最大时刻在 14.92s；覆土厚度为 26.4m 时，水平位移最大时刻在 14.90s。然后取最大位移时刻的两侧边界节点水平位移输入静力模型，再利用动力有限元静力强度折减法对黄土隧道进行稳定性计算。

利用动力有限元静力强度折减法，通过不断折减围岩黄土的抗剪强度参数，直至数值模拟不收敛，得到含水率为 10%时，覆土厚度分别为 13.2m、19.8m 和 26.4m 时隧道的安全系数和塑性区分布图（图 11-9）。

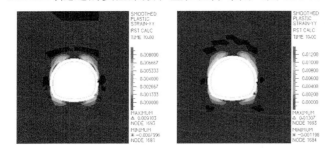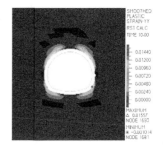

（a）H_d=13.2m，η=2.196　　　（b）H_d=19.8m，η=2.280　　　（c）H_d=26.4m，η=2.328

图 11-9　不同覆土厚度的隧道安全系数和塑性应变云图

由图 11-9 可以看出，地震作用下黄土隧道最先出现塑性区的位置隧道两侧拱脚及拱肩周边部位。当黄土隧道的覆土厚度为 13.2m、19.8m 和 26.4m 时，黄土隧道塑性区域面积开始增大，变化范围较小，塑性区逐渐由衬砌向围岩发展，安全系数分别为 2.196、2.280 和 2.328。

11.4.3　含水率 15%

分别取覆土厚度为 13.2m、19.8m 和 26.4m 时黄土隧道地震响应分析后模型右上角节点的水平位移时程曲线。覆土 13.2m 模型右上角的节点为 1940，覆土 19.8m 模型右上角的节点为 2018，覆土 26.4m 模型右上角的节点为 2070。将三个不同节点的水平位移时程曲线绘制如图 11-10～图 11-12 所示。

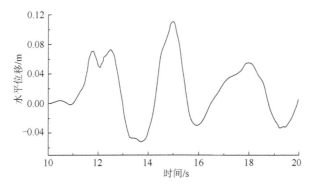

图 11-10　节点 1940 水平位移时程曲线

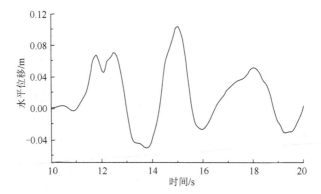

图 11-11　节点 2018 水平位移时程曲线

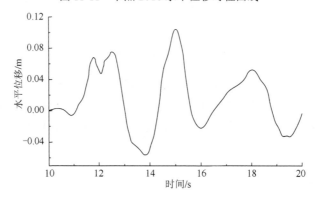

图 11-12　节点 2070 水平位移时程曲线

分析图 11-10～图 11-12 可知，覆土厚度为 13.2m 时，水平位移最大时刻在 15.00s；覆土厚度为 19.8m 时，水平位移最大时刻在 15.00s；覆土厚度为 26.4m 时，水平位移最大时刻在 15.02s。然后取最大位移时刻的两侧边界节点水平位移输入静力模型，再利用动力有限元静力强度折减法对黄土隧道进行稳定性计算。

利用动力有限元静力强度折减法，通过不断折减围岩黄土的抗剪强度参数，直至数值模拟不收敛，选取含水率为 15% 的黄土动参数进行计算，覆土厚度分别为 13.2m、19.8m 和 26.4m 时隧道的安全系数和塑性区分布图（图 11-13）。

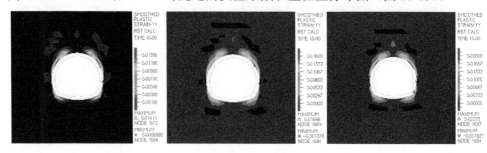

(a) H_d=13.2m，η=1.994　　　(b) H_d=19.8m，η=2.055　　　(c) H_d=26.4m，η=2.227

图 11-13　不同覆土厚度的隧道安全系数和塑性应变云图

由图 11-13 可以看出，地震作用下黄土隧道最先出现塑性区的位置隧道两侧拱脚及拱肩周边部位。当黄土隧道的覆土厚度为 13.2m、19.8m 和 26.4m 时，随着覆土厚度的增加，塑性区开始向拱顶发展，安全系数分别为 1.994、2.055 和 2.227。

11.5　不同振次情况下黄土隧道结构的地震动稳定

黄土在动强度试验中，固结比一般取 1.69，因此本书不考虑固结比的影响。由文献[10]可知，黄土动强度试验中不同振次对应不同的地震烈度，分别是振次 10、20 和 30 对应 7 度、7 度（0.15g）和 8 度地震，前面分析中主要研究 7 度罕遇地震影响，现取黄土含水率为 10%的黄土隧道结构分析 7 度（0.15g）和 8 度罕遇地震下黄土隧道围岩稳定性。

11.5.1　计算参数和地震波

由分析可知，黄土的动内摩擦角基本不受振次的影响，可以忽略不计，动黏聚力与振次基本呈线性关系，随着振次的增加而不断降低，弹性模量和泊松比对稳定性分析结果基本无影响，因此取含水率为 10%的围岩黄土进行稳定性的分析，具体参数见表 11-7。

表 11-7　材料的物理力学参数

材料类别	最大动弹性模量/GPa	泊松比	天然重度/（kN/m³）	动黏聚力/kPa	动内摩擦角/（°）
黄土（振次 20）	—	0.35	14.08	20.8	24.6
黄土（振次 30）	—	0.35	14.08	18.4	24.6

地震波仍然选用 El Centro 波，考虑到原始地震动幅值与动力稳定分析中所需的地震动幅值不一致，按照相关规范将峰值调整为 3.0m/s²，相当于 7 度（0.15g）罕遇地震，峰值调整为 3.80m/s²，相当于 8 度罕遇地震，持续时间 10s（10～20s）。本章仅考虑隔离体的水平方向振动，将 El Centro 地震波从隧道模型底部沿水平方向输入进行地震响应分析。

11.5.2　振次 20

分别取覆土厚度为 13.2m、19.8m 和 26.4m 时黄土隧道地震响应分析后模型右上角节点的水平位移时程曲线。覆土 13.2m、19.8m 和 26.4m 对应的节点分别为 1940、2018 和 2070，将三个不同节点的水平位移时程曲线绘制如图 11-14～图 11-16。

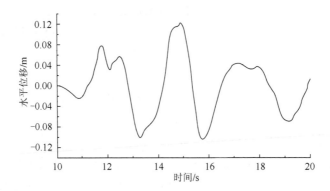

图 11-14　节点 1940 水平位移时程曲线

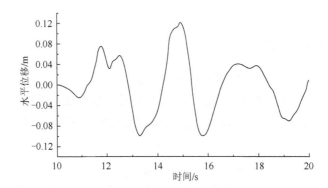

图 11-15　节点 2018 水平位移时程曲线

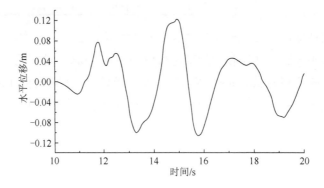

图 11-16　节点 2070 水平位移时程曲线

节点 1940 正向位移峰值出现在 14～15s，在后处理中，提取节点 1940 在 14～15s 的水平位移，如表 11-8 所示。

表 11-8　14～15s 节点 1940 水平位移

时间/s	位移/m	时间/s	位移/m	时间/s	位移/m	时间/s	位移/m
14	-4.251E-2	14.26	1.800E-2	14.52	1.028E-1	14.78	1.153E-1
14.02	-3.843E-2	14.28	2.457E-2	14.54	1.054E-1	14.8	1.158E-1
14.04	-3.426E-2	14.3	3.166E-2	14.56	1.073E-1	14.82	1.167E-1
14.06	-3.003E-2	14.32	3.294E-2	14.58	1.087E-1	14.84	1.181E-1
14.08	-2.579E-2	14.34	4.721E-2	14.6	1.096E-1	14.86	1.197E-1
14.1	-2.156E-2	14.36	5.526E-2	14.62	1.104E-1	14.88	1.208E-1
14.12	-1.731E-2	14.38	6.296E-2	14.64	1.112E-1	14.9	1.213E-1
14.14	-1.298E-2	14.4	7.025E-2	14.66	1.121E-1	14.92	1.214E-1
14.16	-8.524E-3	14.42	7.723E-2	14.68	1.131E-1	14.94	1.209E-1
14.18	-3.871E-3	14.44	8.383E-2	14.7	1.139E-1	14.96	1.201E-1
14.2	1.041E-3	14.46	8.986E-2	14.72	1.145E-1	14.98	1.187E-1
14.22	6.277E-3	14.48	9.513E-2	14.74	1.148E-1	15	1.166E-1
14.24	1.190E-2	14.5	9.944E-2	14.76	1.150E-1		

由表 11-9 可以看出，在 14.92s 时节点 1940 水平位移达到最大值 1.214E-1m。因此时刻为 14.92s，可得到动力模型两侧竖向边界所有节点在 14.92s 时刻的水平位移，如表 11-9。

表 11-9　14.92s 时刻边界节点水平位移

节点	位移/m	节点	位移/m	节点	位移/m	节点	位移/m
1844	1.212E-1	706	7.682E-2	1940	1.214E-1	1118	7.687E-2
1890	1.207E-1	722	7.251E-2	1955	1.208E-1	1133	7.255E-2
129	1.181E-1	738	6.800E-2	369	1.183E-1	1148	6.803E-2
530	1.170E-1	754	6.333E-2	385	1.172E-1	1163	6.335E-2
546	1.145E-1	770	5.849E-2	401	1.147E-1	1178	5.850E-2
562	1.117E-1	786	5.347E-2	417	1.119E-1	1193	5.348E-2
578	1.087E-1	802	4.827E-2	433	1.088E-1	1208	4.828E-2
594	1.053E-1	818	4.286E-2	449	1.055E-1	1223	4.287E-2
610	1.018E-1	834	3.724E-2	465	1.019E-1	1238	3.725E-2
626	9.795E-2	850	3.134E-2	481	9.804E-2	1253	3.135E-2
642	9.387E-2	866	2.518E-2	497	9.395E-2	1268	2.519E-2
658	8.959E-2	882	1.838E-2	513	8.966E-2	1283	1.839E-2
674	8.445E-2	898	1.154E-2	529	8.451E-2	1298	1.155E-2
690	8.100E-2	914	0	1103	8.105E-2	1313	0

将表 11-9 中所有边界节点的水平位移作为初始位移输入静力模型中，在利用动力有限元静力强度折减法对黄土隧道进行地震动稳定分析。用同样的方法可以得到覆土厚度为 19.8m 时，水平位移最大时刻在 14.92s，覆土厚度为 26.4m 时，水平位移最大时刻在 14.90s。

利用动力有限元静力强度折减法，通过不断折减围岩黄土的抗剪强度参数，直至数值分析模型不收敛，得到 7 度（0.15g）罕遇地震时，覆土厚度分别为 13.2m、

19.8m 和 26.4m 时隧道的安全系数和塑性区分布图，具体见图 11-17。

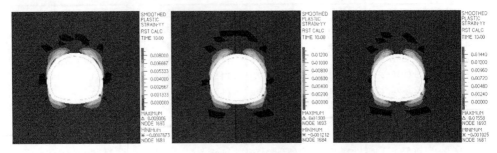

　　（a）H_d=13.2m，η=2.141　　　　（b）H_d=19.8m，η=2.251　　　　（c）H_d=26.4m，η=2.309

图 11-17　不同覆土厚度的隧道安全系数和塑性应变云图

　　由图 11-17 可以看出，7 度（0.15g）罕遇地震作用下黄土隧道最先出现塑性区的位置隧道两侧拱脚及拱肩周边部位。当黄土隧道的覆土厚度为 13.2m、19.8m 和 26.4m 时，安全系数分别为 2.141、2.251 和 2.309，即随着覆土厚度的增加，安全系数也逐渐增加。

11.5.3　振次 30

　　分别取覆土厚度为 13.2m、19.8m 和 26.4m 时黄土隧道地震响应分析后模型右上角节点的水平位移时程曲线。覆土 13.2m 模型右上角的节点为 1940，覆土 19.8m 模型右上角的节点为 2018，覆土 26.4m 模型右上角的节点为 2070。将三个不同节点的水平位移时程曲线绘制如图 11-18～图 11-20 所示。

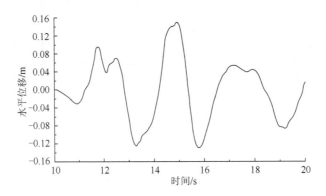

图 11-18　节点 1940 水平位移时程曲线

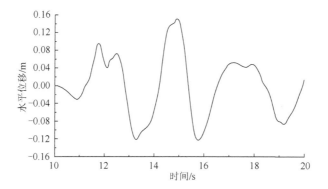

图 11-19　节点 2018 水平位移时程曲线

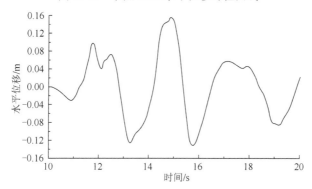

图 11-20　节点 2070 水平位移时程曲线

分析图 11-18～图 11-20 可知，覆土厚度为 13.2m 时，水平位移最大时刻在 14.92s；覆土厚度为 19.8m 时，水平位移最大时刻在 14.92s；覆土厚度为 26.4m 时，水平位移最大时刻在 14.90s。然后取最大位移时刻的两侧边界节点水平位移输入静力模型，再利用动力有限元静力强度折减法对黄土隧道进行稳定性计算。

利用动力有限元静力强度折减法，通过不断折减隧道围岩黄土的抗剪强度参数，直至数值模拟不收敛，得到 8 度罕遇地震时，覆土厚度分别为 13.2m、19.8m 和 26.4m 时隧道的安全系数和塑性区分布图（图 11-21）。

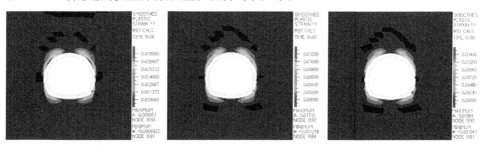

（a）H_d=13.2m，η=2.124　　　（b）H_d=19.8m，η=2.234　　　（c）H_d=26.4m，η=2.292

图 11-21　不同覆土厚度的隧道安全系数和塑性应变云图

由图 11-21 可以看出，地震作用下黄土隧道最先出现塑性区的位置隧道两侧拱脚及拱肩周边部位。当黄土隧道的覆土厚度为 13.2m、19.8m 和 26.4m 时，安全系数分别为 2.124、2.234 和 2.292。

11.6 结 果 分 析

考虑不同含水率和不同振次黄土的动参数，利用动力有限元静力强度折减法，并对不同覆土厚度的黄上隧道进行地震动稳定研究，得到不同含水率和不同地震作用下黄土隧道临界状态时的安全系数，分别对以上分析结果进行归纳总结，具体见图 11-22 和图 11-23。

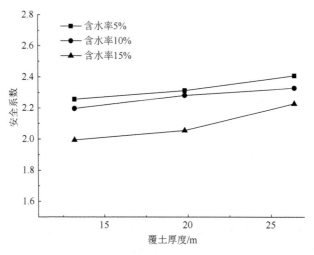

图 11-22 不同含水率黄土隧道安全系数

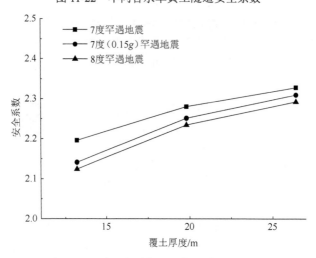

图 11-23 不同地震作用下黄土隧道安全系数

　　由图 11-22 可以看出，在同一覆土厚度下，黄土的含水率越低，隧道安全系数越大，随着覆土厚度增加，安全系数随之增大。覆土厚度从 13.2m 到 26.4m，黄土含水率为 5%时，安全系数上升了 0.15 左右；含水率为 10%时，安全系数上升了 0.13；含水率为 15%时，安全系数上升了 0.23 左右。相同含水率下，安全系数随覆土厚度的增加而增加。

　　由图 11-23 可以看出，在同一覆土厚度时，地震烈度越低，隧道安全系数越大。随着覆土厚度增加，安全系数随之增大。覆土厚度从 13.2m 到 26.4m，7 度罕遇地震，安全系数上升了 0.13 左右；7 度（0.15g）罕遇地震，安全系数上升了 0.16；8 度罕遇地震，安全系数上升了 0.17 左右，覆土厚度越厚，隧道越安全。

　　综上所述，可得如下结论：

　　（1）黄土隧道在地震作用下临界状态时的塑性区一般出现在隧道的两侧拱肩与拱脚位置，随着覆土厚度的增加隧道的塑性区逐渐由衬砌向围岩发展。

　　（2）黄土隧道进行地震动稳定分析得到的安全系数与围岩黄土材料的含水率成反比关系，即在同一覆土厚度条件下，含水率越低对应的黄土隧道安全系数越大，其安全储备也越高。

　　（3）黄土隧道进行地震动稳定分析得到的安全系数与隧道覆土厚度成正比关系，即覆土厚度越厚，黄土隧道安全系数越大，其安全储备也越高。

　　（4）黄土隧道进行地震动稳定分析得到的安全系数与地震烈度成反比关系，同样的条件下，地震烈度越小，黄土隧道安全系数越大，其安全储备也越高。

参 考 文 献

[1] 杜修力, 赵密, 王进廷. 近场波动模拟的人工应力边界条件[J]. 力学学报, 2006, 38(1): 49-56.

[2] 廖振鹏. 近场波动数值模拟[J]. 力学进展, 1997, 27(2): 193.

[3] 刘晶波, 王振宇, 杜修力, 等. 波动问题中的三维时域粘弹性人工边界[J]. 工程力学, 2005, 22(6): 46-51.

[4] 刘晶波, 王振宇, 张克峰, 等. 考虑土-结构相互作用大型动力机器基础三维有限元分析[J]. 工程力学, 2002, 19(3): 34-38.

[5] 周爱红, 张鸿儒, 袁颖, 等. 复合地基不同参数对地面动力特性的影响分析[J]. 中国安全科学学报, 2005, 15(11): 3-6.

[6] 潘旦光, 楼梦麟, 董聪. 一致输入作用下土层的地震反应分析[J]. 计算力学学报, 2005, 22(5): 562-567.

[7] 房营光. 岩土介质与结构动力相互作用理论及其应用[M]. 北京: 科学出版社, 2005: 66-69.

[8] 王峻, 石玉成, 王谦, 等. 天然含水率状态下原状黄土动强度特性研究[J]. 世界地震工程, 2012, 8(4): 23-27.

[9] 陈丽. 非饱和黄土最大动弹性模量试验研究[J]. 安徽农业科学, 2010, 38(11): 6036-6037.

[10] 崔文鉴. 原状黄土动力特性的试验研究[J]. 安徽农业科学, 2010, 38(11): 6036-6037.

第12章 工程应用

12.1 工程概况

天水至平凉铁路中包括牛头山、郭家坪以及方家湾等黄土隧道，通过分析，地震作用下方家湾黄土隧道最为不利，因此，对方家湾黄土隧道进行地震作用下的稳定性分析。

方家湾隧道位于清水县方家湾村后，樊河宽谷区，所处地貌为黄土梁峁区，地形起伏大，黄土梁峁地形发育，沟梁相间，进出口交通相对便利。隧道起讫里程为 IDK43+138～IDK43+640，全长 502m。全线唯一一座双线隧道，位于方家湾车站内，隧道洞身均位于直线上，道内线路纵坡为 10‰、1‰的单面坡。

隧道经过范围地层主要有第四系全新统坡积砂质黄土、粗角砾土，上更新统风积砂质黄土，基岩为上第三系泥岩及华力西期闪长岩。

根据中华人民共和国国家标准《中国地震动参数区划图》（GB 18306—2015）[1]公布的中国地震动峰值加速度区划图及中国地震动反应谱特征周期区划图，本区地震动峰值加速度为0.20g（相当于地震基本烈度8度），地震动反应普特征周期为0.45s。

12.2 动力有限元静力强度折减法

12.2.1 分析模型

计算范围底部取 56.35m，左右两侧取 70.9m。向上取到地表，按平面应变问题来考虑。分析模型如图 12-1 所示。

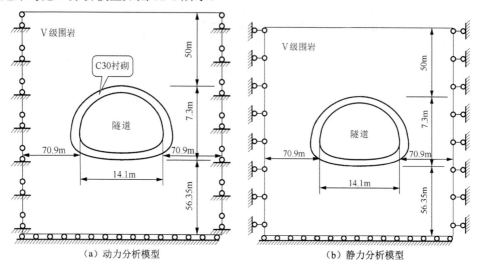

（a）动力分析模型　　　　　　　　　（b）静力分析模型

图 12-1　分析模型

12.2.2　计算参数

黄土隧道的跨度为 l=14.1m，H_d=50m，设防烈度为 8 度。围岩材料参数如表 12-1 所示。衬砌厚度选取 400mm，采用 C25 混凝土，密度为 25.0kN/m³。围岩材料参数如表 12-2 所示。

表 12-1　黄土围岩材料参数[2]

弹性模量 E/GPa	泊松比 μ	天然重度 γ/(kN/m³)	黏聚力 c/kPa	内摩擦角 φ/(°)	阻尼比 ζ
2.0	0.35	18.00	50.0	20	0.15

表 12-2　C25 混凝土材料参数

弹性模量 E/MPa	泊松比 μ	天然重度 γ/(kN/m³)
2.1×10^4	0.167	25.00

12.2.3　时程分析

为了确定在地震分析中的 α 和 β，首先用分块兰索斯法对其进行模态分析，得到黄土隧道围岩结构的前六阶频率（表 12-3）；其次，由频率 ω_i、ω_j 和阻尼比 ζ 确定 Rayleigh 阻尼的常数 α 和 β 值。取 ζ=0.15，α=0.0588，β=0.2446。

表 12-3　前六阶的频率　　　　　　　（单位：Hz）

第一频率	第二频率	第三频率	第四频率	第五频率	第六频率
0.2449	0.4659	0.6520	0.7074	0.7343	0.9815

通过动力时程分析，顶点位移时间历程曲线如图 12-2 所示。可以看出，当 $t \in [0,1]$s 时节点 9 的水平位移最大（表 12-4）。通过表 12-5 可以看出，T'=0.92s

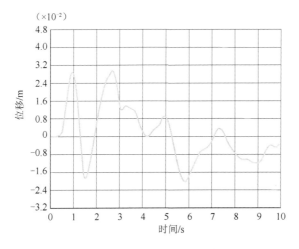

图 12-2　顶点位移时间历程曲线

时节点 9 的水平位移最大，故提取 0.92s 时的竖向边界水平位移。为了考虑地震作用对黄土隧道围岩结构隔离体安全系数的影响，设 $t \in [0, T']$，可得到 0.92s 时刻竖向边界上各节点的水平位移。

表 12-4　时间 $t \in [0,1]$ s 时顶点 A（节点 9）的最大水平位移

时刻/s	位移/m	时刻/s	位移/m	时刻/s	位移/m	时刻/s	位移/m
0.00000	0.10000E-05	0.26000	0.226938E-03	0.52000	0.322640E-02	0.78000	0.227293E-01
0.2000	-0.113056E-05	0.28000	0.237105E-03	0.54000	0.407490E-02	0.80000	0.242221E-01
0.4000	-0.329718E-05	0.30000	0.252534E-03	0.5600	0.506265E-02	0.8200	0.255087E-01
0.6000	-0.622584E-06	0.3200	0.275414E-03	0.5800	0.619819E-02	0.8400	0.265657E-01
0.8000	0.156267E-04	0.3400	0.314641E-03	0.6000	0.744803E-02	0.8600	0.274350E-01
0.1000	0.459358E-04	0.3600	0.382956E-03	0.6200	0.877722E-02	0.8800	0.281644E-01
0.1200	0.814558E-04	0.3800	0.480048E-03	0.63400	0.102277E-01	0.9000	0.286925E-01
0.1400	0.116892E-03	0.4000	0.607514E-03	0.6600	0.118358E-01	0.9200	0.289566E-01
0.1600	0.150630E-03	0.4200	0.795473E-03	0.6800	0.135899E-01	0.9400	0.289409E-01
0.1800	0.178506E-03	0.4400	0.106987E-02	0.7000	0.154546E-01	0.9600	0.286954E-01
0.2000	0.199491E-03	0.4600	0.144019E-02	0.7200	0.173661E-01	0.9800	0.283430E-01
0.2200	0.214178E-03	0.4800	0.191666E-02	0.7400	0.192549E-01	0.1000	0.278791E-01
0.2400	0.221535E-03	0.5000	0.250933E-02	0.7600	0.210601E-01		

表 12-5　0.92s 时刻竖向边界水平位移

节点	位移/m	节点	位移/m	节点	位移/m	节点	位移/m
9	0.29407E-01	208	0.18533E-01	228	0.29305E-01	305	0.20025E-01
10	0.29406E-01	210	0.20225E-01	287	0.29304E-01	307	0.18322E-01
192	0.21842E-02	212	0.21819E-01	289	0.29008E-01	309	0.16535E-01
194	0.43540E-02	214	0.23301E-01	291	0.28505E-01	311	0.14672E-01
196	0.65417E-02	216	0.24657E-01	293	0.27710E-01	313	0.12739E-01
198	0.89261E-02	218	0.25870E-01	295	0.26806E-01	315	0.10739E-01
200	0.10985E-01	220	0.26925E-01	297	0.25731E-01	317	0.86721E-02
202	0.12977E-01	222	0.27808E-01	299	0.24500E-01	319	0.65402E-02
204	0.14902E-01	224	0.28506E-01	301	0.24500E-01	321	0.43529E-02
206	0.16756E-01	226	0.29009E-01	303	0.21631E-01	323	0.21834E-02

12.2.4　安全系数

为了研究地震作用对无衬砌黄土隧道围岩结构的安全系数影响，首先根据图 12-1（b）输入重力加速度，把时程分析得到的竖向边界水平位移根据图 12-3 所示的节点编号输入水平位移，下边界为固定铰约束。

通过不断降低土体的抗剪强度参数，输入表 12-5 中 0.92s 时的竖向边界水平位移，不断降低土体的抗剪强度参数，便得到方家湾有衬砌黄土隧道围岩结构在地震作用下的安全系数为 1.441［塑性应变云图如图 12-4（a）所示，总应变云图如图 12-4（b）所示］，地震作用使得围岩结构的安全系数较低。由图 12-4 可以看出，塑性区同样最先出现在底脚。

结果表明：

（1）地震作用下有衬砌黄土隧道围岩结构的安全系数较低，塑性区最先出现在底脚。

（2）由于方家湾隧道跨度达到14m多，故所得地震作用下的安全系数小于2.0。

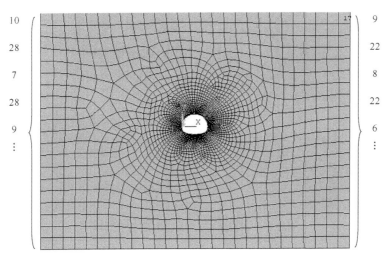

图12-3　边界节点编号示意图

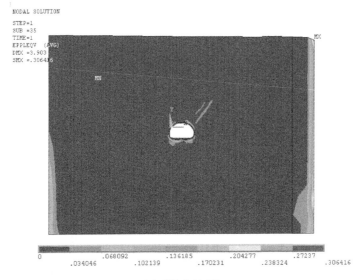

（a）塑性应变云图

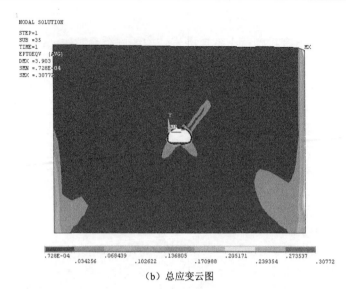

（b）总应变云图

图 12-4　方家湾有衬砌黄土隧道围岩结构在地震作用下的安全系数和临界应变云图（η =1.441）

12.3　动力有限元强度折减法

12.3.1　动力分析模型和计算参数

　　动力分析模型如图 12-5 所示。隧道的覆土厚度为 50m，隧道的高度为 7.3m，隧道的跨度为 14.1m，材料参数同前。

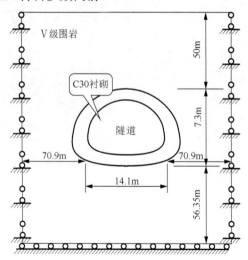

图 12-5　动力分析模型

　　为了实现动力有限元强度折减法，减少围岩材料强度折减致使地震响应和安全系数提高的影响，视方家湾最外层围岩为弹性区，衬砌厚度取 400mm，最外层折减区取 500mm 厚的土体作为抗剪强度折减区，与弹性区设同样材料参数。单元和网格划分如图 12-6 所示。

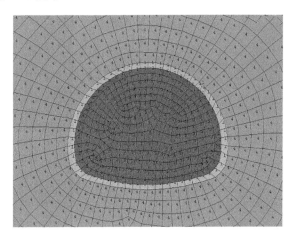

图 12-6　单元和网格划分

12.3.2　静力分析以及热分析

（1）竖向边界上水平支座反力的边界条件。为了得到地震作用下隧道围岩结构隔离体动力分析模型各节点的边界支座反力，将图 12-5 左右两侧边界上的竖向约束改为水平向约束（图 12-7），通过静力有限元分析可获得左右俩侧边界的水平向支座反力（表 12-6）。静力有限元分析中，左右两侧边界上各节点的节点编号如图 12-8 所示。

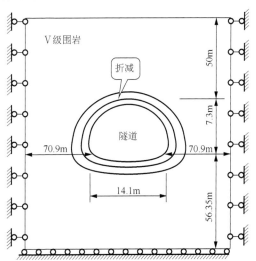

图 12-7　静力分析模型

表 12-6　竖向边界上各节点的水平支座反力

节点	反力/N	节点	反力/N	节点	反力/N
27	−7904.9	411	−485630	493	556260
28	8622.9	413	−418570	495	613440
387	−1078900	415	−349040	497	665270
389	−1033900	417	−278530	499	712430
391	−1044400	419	−208260	501	756390
393	−983380	421	−138050	503	799060
395	−884260	423	−74023	505	842400
397	−838910	479	75280	507	888020
399	−795570	481	139290	509	937080
401	−752560	483	220930	511	989530
403	−707930	485	303210	513	1033000
405	−659850	487	358120	515	1078200
407	−606970	489	427410	497	665270
409	−548780	491	493920		

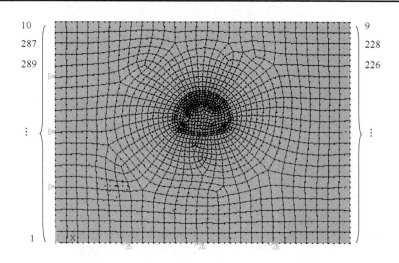

图 12-8　方家湾隧道模型边界节点编号示意图

（2）等效自重边界条件。假设热分析设参考温度为 0℃，温差约为 0.0003℃，温度边界条件如图 12-9 所示。

12.3.3　动力分析

如图 12-10 所示，将静力分析中得到的模型两侧支座反力施加于动力分析模型上，导入热分析结果文件进行动力有限元分析，通过不断折减得到隧道安全系数。

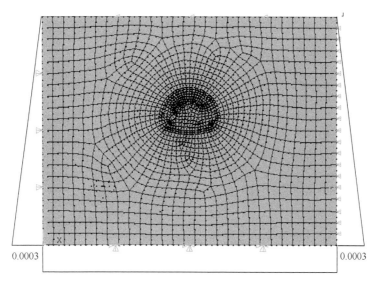

图 12-9 温度边界条件示意图

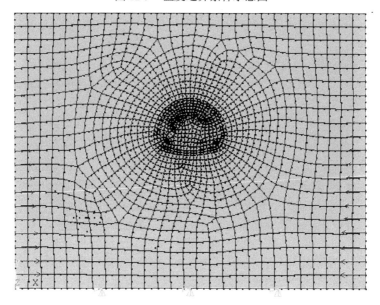

图 12-10 分析模型

12.3.4 结果分析

通过不断降低隧道周边 500mm 厚土体的抗剪强度参数，得到方家湾隧道围岩结构的动力安全系数为 1.441，地震作用使得围岩结构的安全系数较低。动力有限元强度折减法在临界状态下的安全系数 η 和应变云图如图 12-11 所示。由图 12-11 可以看出，塑性区同样最先出现在底脚。

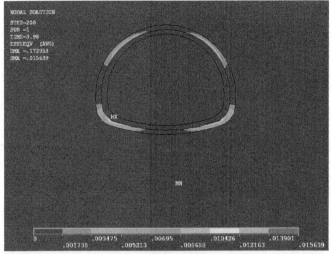

（a）塑性应变云图

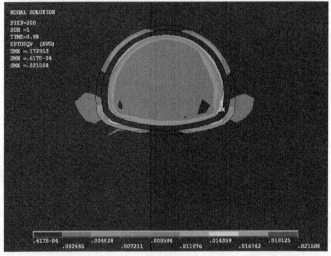

（b）总应变云图

图 12-11　动力有限元强度折减法在临界状态下的安全系数和应变云图（η=1.483）

结果表明：

（1）利用动力有限元强度折减法所得安全系数较动力有限元静力强度折减法大，其误差为-2.83%。

（2）塑性区最先出现在底脚，这与动力有限元静力强度折减法所得结论相同。

参 考 文 献

[1] 中国地震动参数区划图(GB 18306—2015)[S]. 北京: 中国标准出版社, 2016.
[2] 公路隧道设计规范(JTGD 70—2014)[S]. 北京: 人民交通出版社, 2014.